Der Regenbogen ist offen

Diana Mond

1.

„Was für eine hässliche Schule!", dachte Tom, als er zum ersten Mal vor seiner neuen Schule stand, die er von nun an jeden Tag besuchen sollte.
Was hätte er alles dafür gegeben, nicht umzuziehen, aber er konnte sich dem Willen seiner Eltern nicht widersetzen. Natürlich freute er sich für seinen Vater, dass dieser hier einen besseren Job bekommen hatte, bei dem er mehr Geld verdienen würde, aber er hatte Angst vor seiner neuen Klasse.
Hätte er doch wenigstens zu Anfang des Schuljahres wechseln können. Aber nein, alles verzögerte sich natürlich, sodass er erst am ersten Schultag nach den Herbstferien seine neuen Mitschüler kennenlernte. Toll!
Als er das Sekretariat gefunden hatte, traf er dort seinen neuen Klassenlehrer Herrn Preist. Er war ein Lehrer mittleren Alters, der ruhig aber bestimmt auf ihn wirkte. Auf dem Weg zum Klassenraum sagte Herr Preist, Tom würde sich bestimmt sehr wohl in der Klasse fühlen. Sie waren wohl alle manchmal etwas kompliziert, aber es sei immer lustig. Also eigentlich wie jede normale Klasse.
Vor dem Klassenraum warteten schon seine Mitschüler und musterten ihn mit großen Augen. Ein Junge kam auf ihn zu. Er war ein kleines Stück größer als Tom, dafür waren seine Schultern deutlich breiter und überhaupt wirkte er ziemlich stämmig und kräftig.
„Hey, ich bin Patrick, der Klassensprecher", stellte er sich vor und nahm Tom direkt herzlich in den Arm.

„Tom", stellte er sich vor.
„Also, Tom, wenn du irgendwelche Fragen oder ein Problem hast, kannst du immer zu mir kommen." Er lächelte und Tom freute sich, dass er schon jemanden gefunden hatte, an den er sich wenden konnte. Das war immer gut, schließlich war er an der neuen Schule noch ziemlich einsam.
Sie gingen alle in den Raum und Herr Preist bat Tom, mit ihm nach vorne zu kommen und sich vorzustellen. Jetzt hatte er eine gute Übersicht über die Klasse. Es waren 20-25 Schüler. In der vorderen Reihe saßen ein paar Mädchen, die ihn interessiert musterten. In der zweiten Reihe saßen die Jungen, darunter auch Patrick mit seinen Freunden. Man sah sofort, dass sie zu dritt ein gutes Gespann waren. Neben Patrick am Gang war ein Platz frei. In der letzten Reihe saßen auf der linken Seite noch zwei Jungs und ein Mädchen. Auf der rechten Seite saß ein schmaler, blonder Junge ganz alleine und sah aus dem Fenster.
„Magst du dich vorstellen?", fragte Herr Preist.
„Ja, also… Ich heiße Tom. Wir sind vor kurzem umgezogen und deshalb bin ich jetzt hier."
„Was hast du so für Hobbys?"
„Äh… Ich spiele ab und zu Computerspiele. Früher habe ich mich auch mit Freunden getroffen, aber das geht jetzt ja nicht mehr…"
„Du wirst hier bestimmt bald neue finden", sagte Herr Preist optimistisch. „Magst du dich nach hinten zu Kevin setzen?"
Das war also der Blondschopf in der letzten Reihe.

„Kann er nicht zu mir kommen?", fragte Patrick. „Ich bin schließlich der Klassensprecher. Deswegen ist es meine Aufgabe, ihm hier alles zu zeigen."
Herr Preist schüttelte den Kopf.
„Nein, ich fände es besser, wenn er sich zu Kevin setzt", sagte er bestimmt.
Tom hätte sich auch lieber zu Patrick gesetzt, immerhin hatte dieser ihn zuvor schon nett begrüßt. Kevin hingegen sagte kein Wort, als er sich neben ihn setzte und sah ihn auch nicht einmal an. Tom wusste nicht, was er sagen sollte. Er wollte gerne fragen, warum Kevin hier hinten alleine saß, aber er spürte schon, dass er damit einen wunden Punkt treffen könnte, deshalb ließ er es lieber und beschloss, Patrick später danach zu fragen.
„Wollen wir eine kleine Vorstellungsrunde machen? Jeder sagt seinen Namen und ein Hobby von sich", sagte Herr Preist. „So kann Tom sich schnell integrieren."
Nach den ersten paar Schülern war Tom schon klar, dass er sich ohnehin niemals alle Namen merken konnte. Deshalb konzentrierte er sich auf die wichtigsten: Patrick, mit dem er sich bestimmt schnell anfreunden würde, und seine Freunde Dennis und Sascha. Das Gespräch vor der Stunde war zumindest sehr vielversprechend gewesen.
Daneben merkte er sich den Namen von Naomi, weil diese als Hobby „Essen" genannt hatte, was Tom direkt sympathisch war. Einen weiteren Namen merkte er sich noch: Jonas. Das lag daran, dass dieser Junge Tom die ganze Zeit über mit einem Blick ansah,

den dieser absolut nicht deuten konnte. Und natürlich merkte er sich den Namen von Kevin, weil dieser mit seiner abweisenden, isolierten Haltung aus der Reihe fiel. Als dieser an der Reihe war, sagte er:
„Ich bin Kevin und ich schaue gerne Serien."
Er kauerte sich schnell wieder auf seinem Stuhl zusammen und hoffte, Herr Preist würde schnell weitermachen. Offensichtlich mochte er es nicht, wenn alle Augen auf ihn gerichtet waren. Tom dachte sich nichts weiter dabei. Manche waren nun einmal eher introvertiert und mochten es nicht, so viele Menschen um sich herum zu haben.
Als sie nach der Vorstellungsrunde mit dem Matheunterricht anfingen und Kevin ein Blatt herausholte, fiel es ihm herunter. Während er es aufhob, entdeckte Tom eine dicke Schramme an seiner linken Wange.
„Was hast du denn gemacht?", platzte es aus ihm heraus.
Kevin hielt in der Bewegung inne, starrte ins Leere und atmete schneller.
„Nichts", flüsterte er schließlich und fing an, die Aufgaben von der Tafel abzuschreiben.
Da er offensichtlich keine Lust hatte, sich mit Tom zu unterhalten, konzentrierte sich dieser einfach auf den Unterricht.

*

Nach der ersten Stunde hatten sie eine kleine fünfminütige Pause, in der Patrick wieder nach hinten zu Tom ging.

„Schade, dass du dich nicht zu uns setzen durftest. Immerhin sind wir uns so ähnlich", sagte er.

Sein Blick ging kurz zu Kevin, der stumm auf seinen Tisch starrte, und dann wieder zu Tom.

„Ähnlich? Wie meinst du…"

„Na ja, ist doch schade, dass du jetzt hier hinten alleine sitzen musst", unterbrach er ihn.

„Aber…"

Tom wollte widersprechen, dass er doch Kevin bei sich hatte, aber Patrick unterbrach ihn ein weiteres Mal: „Nach dieser Stunde haben wir jedenfalls einen Raumwechsel. Halt dich einfach an uns, wir zeigen dir genau, wie hier alles läuft."

Wieder ging sein Blick kurz zu Kevin, bevor er sich lächelnd zurück zu seinem Platz begab. Tom sah zu Jonas, der sie anscheinend beobachtet hatte. Er versuchte, etwas aus seinem Blick zu deuten, aber bevor er zu einem Ergebnis kam, standen schon ein paar Mädchen an seinem Platz und baten ihn, doch mit vor die Tür zu kommen, da sie sich mit ihm unterhalten wollten.

Sie waren alle wirklich nett, fragten Tom nach seinen Interessen, Lieblingsfächern und ob er an seiner alten Schule eine Freundin gehabt hatte. Die letzte Frage verneinte er lächelnd, ohne näher darauf einzugehen. Er wollte nicht unbedingt an seinem ersten Tag damit rausrücken, dass er sich eigentlich gar nicht für Mädchen interessierte.

*

Nach der Stunde stand Patrick als erster an seinem Platz. Dieses Mal hatte er auch seine beiden Freunde Dennis und Sascha bei sich. Kevin war schon, bevor sie ankamen, fluchtartig aus dem Raum gestürmt. Tom wunderte sich, warum er so schnell weg wollte, aber bevor er Patrick danach fragen konnte, fingen die Jungs schon mit einem anderen Thema an.

„Frag ihn jetzt, Patrick!", drängte Sascha ihn.

„Überstürz nichts, Sascha!", erwiderte Dennis.

„Überfordert ihn nicht an seinem ersten Tag!"

Patrick schmunzelte über die Diskussion der Jungs.

Tom runzelte interessiert die Stirn.

„Worum geht es?"

„Wie du bemerkt hast, ist in unserer Reihe ein Platz frei… Aber es nicht nur in unserer Reihe einer frei, sondern auch in unserer Gruppe. Wir wären halt ganz gerne wieder zu viert", erklärte er.

„Wieso seid ihr es nicht mehr? Wer saß denn vorher da?", fragte Tom.

„Das Opfer", sagte Sascha.

Tom verstand nicht, wen sie meinten.

„Kevin."

Patrick spuckte seinen Namen voller Verachtung aus.

„Und wieso ist er nicht mehr bei euch?", hakte Tom nach.

Der kleine Blondschopf war vielleicht etwas introvertiert, aber das war doch kein Grund, ihn rauszuschmeißen, oder?

„Weil er eine Schwuchtel ist!", sagte Patrick aggressiv.
„Solchen Abschaum will keiner in seiner Nähe haben!"
Tom bekam eine Gänsehaut. Jetzt würde er sich definitiv von den dreien fernhalten. Wenn die herausfanden, dass er ebenfalls vom anderen Ufer war... Aber wie sollten sie das herausfinden? Das konnten sie nicht wissen, also musste er eigentlich keine Angst vor Beleidigungen und Sticheleien haben. Trotzdem wollte er nicht mit Leuten befreundet sein, die andere aufgrund ihrer Sexualität ausgrenzten.
„Also, wir haben jetzt Bio. Da kannst du dich dann neben uns setzen", fuhr Dennis fort, als wäre nichts gewesen.
„Ja, mache ich", meinte Tom.
Sobald sie beim Raum ankamen, entdeckte er Jonas, was er gleich als Rettung sah.
„Hey, Jonas, kannst du mir den Kiosk zeigen?", fragte er schnell.
„Das können wir auch machen", meinte Sascha.
„Ich möchte doch alle meine Mitschüler kennenlernen", erwiderte Tom.
Er fand die Ausrede gar nicht so übel. Vielleicht nahmen sie es ihm ab. Glücklicherweise ging Jonas sofort darauf ein.
„Klar, mache ich gerne."
Tom stellte schnell seine Tasche ab und ging mit Jonas mit. Hauptsache weg von Patrick, Dennis und Sascha. Die ersten Meter gingen sie schnell durch den Flur, bis sie aus der Sichtweite waren.
„Ich bin froh, dass du mich das gefragt hast", meinte Jonas.

„Warum?"
Er sah Tom kurz in die Augen.
„Ich hatte Angst, dass du dich mit den falschen Leuten anfreundest."
„Warum sollten sie die Falschen sein?"
Tom wusste, dass sie etwas gegen Schwule hatten, aber er wusste nicht, ob es das war, was Jonas meinte.
„Weil sie einen unschuldigen Jungen fertigmachen, nur weil er schwul ist?"
Okay, er meinte also wirklich das. Aber dass sie ihn fertigmachten, war Tom neu. Bisher dachte er, sie würden ihn lediglich ausschließen.
„Es stimmt also?", fragte Tom nach.
„Das ist zumindest das, was Patrick behauptet. Kann sein, dass er dieses Gerücht nur verbreitet, um Kevin schlechtzumachen. Ich weiß es nicht."
„Warum fragst du ihn nicht einfach?"
Jonas seufzte.
„Ist nicht so leicht, an Kevin heranzukommen. Jeder, der weiter mit ihm befreundet ist, gerät ebenso in Patricks Schusslinie. Es ist das Beste, sich einfach herauszuhalten."
„Aber wie kam es denn dazu? Ich dachte, sie wären befreundet gewesen?", fragte Tom.
„Die genauen Details kenne ich auch nicht. Es fing irgendwann dieses Schuljahr an."
Tom schwieg. Er wusste nicht, was er dazu sagen sollte. Patrick hatte zuerst wie ein netter Typ gewirkt, der ihn ganz herzlich in der Klasse aufgenommen hatte und dann das.

„Ich rate dir einfach, dich von ihnen fernzuhalten. Stell dich ihnen nicht in den Weg, aber freunde dich auch nicht mit denen an. Halt dich lieber an mich", sagte Jonas.
„Ich glaube, das werde ich", meinte Tom.
Er wollte auch nichts mit Leuten zu tun haben, die andere für ihre Sexualität ausgrenzten.

*

Trotzdem setzte er sich in Biologie zu ihnen. Sie sollten nicht merken, dass er etwas gegen sie hatte. Wie Jonas es gesagt hatte, wollte er sich ihnen ungern in den Weg stellen. Wenn sie dachten, er würde sie einigermaßen mögen, dann würden sie auch nicht auf die Idee kommen, dass er schwul sein könnte.
Der Tag verging glücklicherweise ohne negative Zwischenfälle. Tom hatte ihn überlebt, ohne sich Feinde zu machen und er hatte auch das Gefühl, in Jonas einen guten Ansprechpartner gefunden zu haben. Auch die anderen waren ihm alle wohlgesonnen, außer vielleicht Kevin, der ihm keinerlei Aufmerksamkeit schenkte.
Die letzte Stunde hatten sie wieder im Klassenraum. Tom sehnte schon den Schulschluss herbei und ihm entging nicht, dass auch Kevin permanent zur Uhr sah. Dass dieser schon zehn Minuten vor Schluss seine Tasche packte, unauffällig seine Jacke überzog und fünf Minuten vor Schluss seinen Stuhl nach hinten schob, entging ihm auch nicht. Wahrscheinlich wollte er nach dem Klingeln als allererster draußen sein.

Das war er dann auch tatsächlich. Doch Patrick, Dennis und Sascha hatten es ebenfalls sehr eilig, aus dem Raum zu kommen und liefen Kevin nach. Als Tom den Raum verließ, standen sie gerade vor der Tür.
„Es ist der erste Schultag. Dann wollen wir mal nicht so sein", hörte er gerade Patrick sagen.
„Hey", sagte Tom. „Könnt ihr mir vielleicht sagen, wo mein Schließfach ist?"
„Bestimmt einen Gang unter uns, da sind die meisten", antwortete Dennis.
„Okay, danke."
Damit machte Tom sich auf den Weg, um die Bücher wegzupacken. Während er ganz entspannt sein Schließfach einrichtete, zogen die Schülermassen vorbei, bis er schließlich alleine im Gang war. Da ging plötzlich die Tür auf und eine Person betrat den Flur. Es war Kevin. Als er Tom entdeckte, riss er erschrocken die Augen auf. Tom musterte den Jungen nur neugierig und ging einen Schritt auf ihn zu, doch da ging Kevin einen zurück.
„Bitte...", sagte er leise. „Geh weg!"
Er sah ihn angsterfüllt an. Tom verstand nicht, warum er so auf ihn reagierte, doch bevor er etwas sagen konnte, war Kevin schon wieder weg. Warum hatte er solche Angst gehabt? Wovor fürchtete er sich?

*

Am nächsten Tag kam Kevin als letzter in den Klassenraum. Er kam fast schon zu spät, was aber niemanden zu interessieren schien. Keiner begrüßte

ihn, keiner sagte ein Wort dazu. Man musste kein Sozialpädagoge sein, um zu sehen, dass er komplett isoliert in der Klasse war. Dass Patrick, Dennis und Sascha ihn ausschlossen, wusste er zwar schon, aber dass alle Mitschüler da so mitmachten, wunderte ihn dann doch. Vielleicht hatte Jonas Recht mit der Annahme, dass sich niemand Kevin näherte, weil keiner Stress mit Patrick haben wollte.
Trotzdem wagte Tom es, Kevin zu begrüßen.
„Hallo", sagte er, nachdem sein Banknachbar sich gesetzt hatte.
Dieser sah nur auf seinen Tisch.
„Hi", erwiderte er knapp.
Bevor sie sich weiter unterhalten konnten, kam Patrick zu ihrem Platz.
„Hey, Tom, mein Bruder!", sagte er und begrüßte ihn herzlich.
Jetzt verstand Tom auch endlich, warum Patrick ihn immer so herzlich behandelte: Es lag an Kevin, der neben ihm saß. Er wollte ihm zeigen, dass sie ihn durch Tom ersetzten und er weiter alleine blieb ohne jegliche Unterstützung.
„Heute Sport oder was?", fuhr Patrick fort.
„Was macht ihr denn gerade?", erwiderte Tom.
„Basketball."
Patrick wendete sich an Kevin.
„Pass auf, dass du nicht wieder einen Ball an den Kopf kriegst!"
Er lachte.

„Die kleine Schwuchtel spielt halt wie ein Mädchen und ist manchmal… etwas ungeschickt", erklärte er für Tom.
Dieser wusste nicht, was er dazu sagen sollte, also schwieg er einfach. Ihre Geschichtslehrerin betrat den Klassenraum und Patrick ging an seinen Platz. Vorher sagte er aber noch:
„Pass auf, dass er dich während der Stunde nicht begrabscht!"
Tom versuchte, sich ein kleines Lächeln aufzusetzen, damit Patrick nicht merkte, wie wütend er gerade auf ihn war. Natürlich sagte er das nur, um Kevin zu verletzen, aber so ein asoziales Verhalten fand er absolut nicht in Ordnung. Am liebsten würde er sagen, was er dachte, aber er hatte Vertrauen zu Jonas und wenn dieser ihm riet, sich Patrick nicht zu widersetzen, dann tat er das auch.

*

Nach der vierten Stunde machten sich alle auf den Weg zur Sporthalle. Natürlich ging Kevin alleine hinter allen anderen. Tom hielt sich an Jonas, der ihn über das informierte, was sie im Sportunterricht bisher gemacht hatten und woraus vermutlich die Prüfungen bestehen würden. Tom war ihm dankbar, dass er ihn von Patrick und seinen Freunden fernhielt.
Er freute sich auf Sport. Zwar war er selbst nicht der sportlichste Typ, aber das Fach war besser als so ziemlich alle anderen. In der Umkleidekabine herrschte eine entspannte Stimmung. Die meisten

unterhielten sich über Fußball, während sie sich umzogen. Tom hielt sich aus den Gesprächen heraus. Als er einmal in die Runde guckte, blieb sein Blick bei Kevin hängen, der sich gerade sein Oberteil auszog. Sein nackter Rücken war übersät von blauen Flecken. Er sah furchtbar aus, als hätte er große Schmerzen erlitten, aber keiner sagte etwas dazu. Tom wurde richtig schlecht bei dem Anblick. Er sah zu Jonas, aber dieser schüttelte nur den Kopf, um ihm zu sagen, dass er einfach schweigen sollte.

Nachdem die beiden die Umkleidekabine verlassen hatten und in die Halle gegangen waren, setzten sie sich in eine ruhige Ecke, da noch einige fehlten.

„So sieht er immer aus", sagte Jonas.

„Aber wer…?"

„Patrick, Dennis und Sascha", meinte Jonas ganz unbekümmert.

Tom schüttelte entsetzt den Kopf.

„Sie verprügeln ihn regelmäßig in der Schule. Ist quasi ein offenes Geheimnis. Keiner bekommt es mit, aber jeder weiß, dass es so ist."

„Und warum tut keiner etwas dagegen?"

Jonas zuckte mit den Schultern.

„Keiner stellt sich Patrick in den Weg, sonst wird er selbst auch zum Opfer. Und ich für meinen Teil habe keine Lust, bald auch so auszusehen", erklärte er.

Tom schüttelte wieder den Kopf.

„Aber…"

„Du kannst ihm nicht helfen. Dafür ist es zu spät. Ich ärgere mich selbst, dass ich nicht früher eingegriffen

habe, aber jetzt geht es nicht mehr. Er steckt zu tief drinnen. Kevin kann man nicht mehr helfen."
Es tat Tom in der Seele weh, das zu hören, aber vermutlich hatte Jonas Recht. Gegen Patrick und seine Truppe konnte man sich nicht wehren. Sie waren zu kräftig und zudem zu dritt.
„Und wenn wir zu einem Lehrer gehen?", fragte Tom.
„Dann würde es ihm noch schlechter als jetzt ergehen, glaub mir! Wenn sie ihn für eine Petze halten, werden sie ihm noch mehr wehtun!"
Auch damit hatte er Recht. Leider. Tom wünschte sich, es wäre anders und es gebe eine Weg, Kevin zu helfen, aber den fand er nicht.
„Halt dich einfach raus! Es ist vielleicht nicht der eleganteste Weg, aber auf jeden Fall der klügste."
Jonas stand auf, da nun alle in der Halle waren. Tom ging ihm nach. Zum Aufwärmen durften sie Völkerball spielen. Die Teams wurden von Patrick und Dennis gewählt. Der Klassensprecher hatte offensichtlich großen Einfluss auf die Klasse. Zu seiner Verwunderung wurde Tom direkt als zweites gewählt, nach Sascha natürlich. Die Jungs meinten es offensichtlich ernst mit ihrem Wunsch, ihn in ihre Gruppe aufzunehmen. Ihr Lehrer ging in der Zwischenzeit Bälle holen.
Alle wurden irgendwann gewählt, bis zum Schluss nur noch eine Person übrig war: Kevin. Eigentlich würde er damit in Patricks Team kommen, da dieser angefangen hatte zu wählen. Er sträubte sich allerdings sehr dagegen.

„Oh, nein! Ich will diesen Dreck nicht in meinem Team haben! Kannst du ihn nicht in dein Team nehmen?"
„Meinst du, ich will das Opfer haben?", erwiderte Dennis.
„Los, nimm ihn jetzt!"
„Komm her, du kleine Missgeburt! Du bist in meinem Team!"
Kevin gesellte sich stumm zu Dennis' Team. Ihr Sportlehrer kam endlich wieder und hatte zu Patricks Bedauern zwei Schaumstoffbälle dabei. Alle stellten sich aufs Feld und er selbst war der König, da er nun näher am anderen Team stand. Kevin drehte sich unsicher um. Es war ein furchtbares Gefühl, seinen Feind die ganze Zeit im Nacken zu haben. Und dann grinste er ihn auch noch so an!
„Angst, Kevin?", fragte er.
Er antwortete nicht, sondern drehte sich wieder um und versuchte, Patrick auszublenden. Dann hatte er aber immer noch Dennis neben sich in seinem Team, der ihn sicherlich bei der erstbesten Gelegenheit vor den Ball schubsen würde.
Wie erwartet, war Patrick das ganze Spiel über nur darauf fixiert, Kevin einen Ball an den Kopf zu knallen, was ihm letztendlich auch gelang. Beim Basketball sah es ähnlich aus. Da stießen alle drei Kevin bei jeder Gelegenheit um oder rempelten ihn an. Sport gehörte definitiv zu seinen meistgehassten Fächern, weil sich hier für seine Peiniger immer wieder Möglichkeiten boten, ihn zu demütigen.

*

Aber leider war es aber damit noch nicht geschafft für diesen Tag, denn dienstags hatten sie lange Schule. Die Mittagspause war die Zeit, die Kevin neuerdings am meisten verabscheute. Er konnte unmöglich über eine Stunde vor den anderen weglaufen oder sich verstecken. Natürlich versuchte er, ihnen aus dem Weg zu gehen, aber sobald sie ihn gefunden hatten, ließen sie ihn nicht mehr in Ruhe.

Nachdem Tom etwas gegessen hatte, zog er sich auf die Toilette zurück, um ungestört auf seinem Handy zu schreiben. Er schloss sich in einer Kabine ein und schrieb mit einem Freund von seiner alten Schule. Eigentlich hatte er keine Lust, irgendjemanden zu sehen oder mit jemandem zu reden, aber das Schicksal hatte etwas anderes geplant, denn er hörte plötzlich mehrere Leute, die die Toilette betraten.

„Los, rein da!", hörte er eine Stimme, die eindeutig Sascha gehörte. „Beweg deinen Hintern, Prinzessin!" Kevin wurde von ihm unsanft ins Herrenklo geschubst. Sein Herz pochte deutlich schneller. Er ahnte, was ihn erwartete, und fürchtete sich davor.

„Was habt ihr vor?", fragte er.

Die drei lachten nur. Kevin hob leicht die Arme, um sein Gesicht zu schützen. Er atmete schneller und ihm kamen schon fast die Tränen.

„Bitte nicht", flüsterte er. „Können wir nicht darüber reden? Wir waren doch Freunde."

„Freunde? Meinst du echt, ich wäre mit so einer wertlosen Schwuchtel befreundet?", fragte Patrick und ging einen Schritt näher an ihn heran.

Kevin antwortete nicht. Er bereitete sich mental auf das vor, was ihm unweigerlich bevorstand.

„Ich habe dich etwas gefragt!", brüllte Patrick und schlug ihm mit der Faust in den Magen. Kevin stöhnte schmerzerfüllt auf und hielt sich gekrümmt die Hände vor den Bauch. Das nutzte Patrick natürlich, um ihm die nächste Faust ins Gesicht zu rammen. Er zog sich vor Schmerz zusammen. Auch Dennis und Sascha fingen nun an, ihn zu treten und zu schlagen. Selbst als Kevin schon auf dem Boden lag und sich vor Schmerzen krümmte, traten sie noch nach.

Schließlich hörten sie auf und betrachteten stolz ihr Opfer, das auf dem Boden lag und vor Schmerzen wimmerte. Patrick schloss die Augen und atmete tief durch. Sie genossen den Anblick von Kevin und das Gefühl ihrer Macht und Überlegenheit. Sein schmerzerfülltes Stöhnen drang in ihre Ohren und sein Flehen ebenso.

„Bitte…", murmelte Kevin zwischen dem Schluchzen und Stöhnen.

„Genau da, wo du hingehörst", sagte Patrick. „Du bist nichts als ein wertloses Stück Dreck."

Er trat dem Blondschopf noch einmal kräftig in die Rippen, sodass dieser laut aufschrie, und dann gingen sie, als wäre nichts gewesen. Kevin versuchte, weiter zu atmen und sich zu beruhigen. Voller Schmerzen versuchte er, sich aufzusetzen und lehnte sich gegen die Wand. Er hielt sich mit den Händen die Stelle, an der der letzte Tritt ihn erwischt hatte. Dann fasste er

sich mit der einen Hand vorsichtig ins Gesicht. Seine Lippe blutete ziemlich stark.
Tom hatte währenddessen nur in seiner Kabine gesessen. Wie unerträglich das war, Kevins Schreie zu hören und sein Weinen und sein schmerzerfülltes Stöhnen. Diese Geräusche würde er nie wieder vergessen können. Er hätte eingreifen sollen. Er hätte dazwischen gehen sollen, aber wie? Sie hätten mit ihm wahrscheinlich das Gleiche getan. Dann würde er sich jetzt ebenso vor Schmerzen auf dem Boden rollen. Damit wäre auch keinem geholfen, oder?
Er redete sich ein, das Richtige getan zu haben, auch wenn er tief in seinem Inneren wusste, dass das nicht stimmte. Es war einfach unangenehm, hier zu sitzen, mitzubekommen, wie jemand litt, und demjenigen nicht helfen zu können. Am liebsten hätte er sich der Situation einfach entzogen, aber er kam nicht unbemerkt aus der Kabine heraus. Dann hatte er versucht, sich die Ohren zuzuhalten und an etwas anderes zu denken, aber auch das funktionierte nicht. Kevin war einfach zu laut.
Selbst jetzt, als die drei schon weg waren, saß er immer noch stumm in der Kabine. Er war wie betäubt von dem, was er gerade mitbekommen hatte. Eine innere Stimme sagte ihm, er solle aufstehen und Kevin helfen, der immer noch im Vorraum saß und vor Schmerzen stöhnte. Aber was, wenn das rauskam? Er konnte nichts tun. Zumal er immer noch nicht in der Lage war, sich zu bewegen. Tom hoffte nur, dass Kevin irgendwann von alleine ging.

Doch dann schaffte er es, aufzustehen und die Kabine zu verlassen. Er sah zu Kevin, der auf dem Boden saß und vor sich hin heulte. Als dieser ihn sah, hob er den Kopf und sah Tom mit glasigen Augen an. Obwohl er am Ende seiner Kräfte war, begab er sich instinktiv in eine Schutzhaltung.

„Bitte… Nicht schlagen…", sagte er schluchzend und hielt sich die Arme vors Gesicht.

Tom wollte ihm antworten, dass er ihm nie wehtun könnte und er keine Angst vor ihm haben musste, aber er war zu verstört, um etwas zu sagen. Er wollte nur noch weg und nicht mehr darüber nachdenken, dass er gerade einfach zugelassen hatte, dass ein wehrloser Junge verprügelt wurde. Dieser Gedanke verfolgte ihn die gesamte restliche Mittagspause.

*

Gegen Ende der Mittagspause traf Tom auf Jonas, der vor dem Kiosk saß. Um unter vier Augen zu reden, machten sie sich auf den Weg zum Klassenraum. Tom erzählte ihm kurz und knapp, was er mitbekommen hatte.

„Diese Monster…", meinte Jonas. „Aber ich wusste das schon, von daher schockt es mich nicht."

„Aber mich. Du hättest hören müssen, wie groß seine Schmerzen waren! Hätte ich eingreifen sollen?"

Jonas legte ihm eine Hand auf die Schulter.

„Auf keinen Fall! Sonst hättest du das genauso abbekommen! Ich verstehe ja, dass es dich mitnimmt, aber man kann ihm nicht mehr helfen. Das solltest du

einsehen und akzeptieren. Dann lebt es sich auch viel leichter damit."
Tom versuchte, seinen Rat anzunehmen. Er hatte gar keine Wahl, es gab keinen anderen Weg.
Die beiden kamen am Klassenraum an, vor dem schon ein paar Mädchen auf den Unterrichtsbeginn warteten. Jonas ging noch an sein Handy, Tom wollte es ihm gleichmachen, aber da kam ein Mädchen aus ihrer Klasse auf ihn zu. Es war Anastasia, die, wie er mitbekommen hatte, so ziemlich das beliebteste Mädchen der Klasse war. Sowohl bei den Mädchen als auch bei den Jungs.
„Hey, Tom", sagte sie.
„Hey", antwortete er knapp.
Er hatte eigentlich kein Interesse daran, sich mit ihr zu unterhalten.
„Ich wollte dich fragen, ob du vielleicht Lust hast, dich am Samstag mit mir zu treffen. Wir könnten ins Kino gehen. Nur wir zwei…", erzählte Anastasia.
Sie wickelte eine ihrer langen braunen Haarsträhnen um den Zeigefinger und lächelte Tom an.
Natürlich verstand er, was sie von ihm wollte. Er wollte auch wirklich nicht unhöflich sein, aber was sollte man machen, wenn man einfach nicht auf Mädchen stand? Es wäre unfair ihr gegenüber, ihr Hoffnungen zu machen, wenn am Ende sowieso nichts daraus werden würde. Aber wie verklickerte er ihr das am besten, ohne ihre Gefühle zu verletzen und ohne zuzugeben, dass er schwul war?
„Tut mir leid, aber… im Moment geht es einfach nicht", sagte er.

„Wie meinst du das? Wollen wir uns in zwei Wochen treffen oder so?"
„Ich bin gerade erst umgezogen und versuche erst einmal, mich hier vernünftig einzuleben und in der Schule gut mitzukommen. Verstehst du?", fragte er.
„Ja, schon klar. Ist in Ordnung", antwortete Anastasia. „Vielleicht kreuzen sich ja später noch einmal unsere Wege."
Vermutlich eher nicht und wenn doch, dann nur freundschaftlich, aber das behielt Tom für sich. Er nickte nur lächelnd.

*

Kevin kam als letzter zum Nachmittagsunterricht, aber er kam. Seine Lippe blutete immer noch ziemlich stark. Er hielt sich während des Unterrichts einen Finger davor, bis dieser auch schon leicht blutig war. Tom sah sich das Ganze einen Moment von der Seite an, bevor er beschloss, ihm zu helfen. Er holte ein Taschentuch aus seinem Rucksack und reichte es wortlos seinem Sitznachbarn, der ihn erst einmal verwundert ansah. Dann nahm er das Taschentuch doch an und murmelte:
„Danke."
Tom schmunzelte. Es tat gut, anderen Menschen zu helfen. Trotzdem blieb Kevin ihm gegenüber misstrauisch.

*

Für Tom war das Gespräch mit Anastasia nur eine kurze Begegnung, die keine weitere Bedeutung hatte. Sie hatten sich schließlich nicht gestritten und keiner von ihnen war verletzt. Sie hatte die Absage gut aufgenommen und sogar noch Hoffnung gehabt, dass sie sich irgendwann noch treffen würden. Für Tom war damit alles gesagt.

Aber die Nachricht, dass er Anastasia einen Korb gegeben hatte, verbreitete sich in der Klasse ziemlich schnell. Nach der ersten Stunde des Nachmittagsunterrichts wusste schon fast jeder Bescheid. Eigentlich alle außer Kevin, denn mit ihm sprach ja niemand. Auch Patrick hatte davon gehört und war mehr als verwundert, weswegen er in der kleinen Pause zu Toms Platz kam.

„Hey, können wir kurz reden?", fragte er.

„Klar", antwortete Tom und stand auf. Er hatte keine Ahnung, worum es gehen könnte.

Kevin nahm wahr, dass Tom wieder mit Patrick rausgegangen war. In der Mittagspause hatte er ohne jeden Zweifel mitbekommen, wie die drei ihn zugerichtet hatten und trotzdem war er weiter mit ihnen befreundet. Das bedeutete, dass er ihre Meinung teilte und sie unterstützte. Also musste Kevin sich zukünftig auch noch vor Tom in Acht nehmen.

Tom und Patrick gingen in den Flur vor dem Raum.

„Was habe ich gerade zu Ohren bekommen? Du hast Anastasia einen Korb gegeben?", fragte Patrick und stemmte die Hände in die Hüfte.

„Na ja, also einen richtigen Korb jetzt nicht…", murmelte Tom, um sich herauszureden.

Er konnte schlecht vor Patrick zugeben, weshalb er kein Interesse an ihr hatte.

„Alter, hast du sie dir mal angesehen? Die ist wunderschön!"

Tom zuckte nur mit den Schultern.

„Also? Warum hast du abgesagt?", hakte Patrick weiter nach.

„Ich stehe halt mehr auf Blondinen", erwiderte Tom lachend.

Jetzt lachte Patrick auch.

„Du bist doch bekloppt!", meinte er. „Mal was anderes: Hast du Kevin gesehen?"

Das Lachen verging ihm. Tom überlegte angestrengt, was er sagen sollte. Er durfte jetzt keinen Fehler machen.

„Du meinst… in der Mittagspause?", fragte er nach.

„Nein, ich meinte in der Umkleidekabine. Hast du es gesehen?"

„Du meinst… die blauen Flecken?", fragte Tom.

Patrick nickte grinsend.

„Geil, oder?"

Tom schluckte und hoffte, dass Patrick es nicht gesehen hatte.

„Das war ich", erzählte er stolz. „Ich habe den so zugerichtet."

„Wow", meinte Tom halbherzig.

Er war wirklich überrascht, wie stolz Patrick auch noch mit seinen Taten prahlte.

„Es gibt einfach nichts Schlimmeres, als wenn Leute wie er nicht wissen, wo ihr Platz ist. Er sollte einfach verstehen, dass er es verdient hat, geschlagen zu werden", behauptete er.

„Weil er schwul ist?", fragte Tom.

„Danke!" Patrick legte die Hände zusammen, als wolle er beten. „Endlich mal jemand, der es versteht!" Eigentlich sollte es eine kritische Nachfrage sein und keine Zustimmung, aber Patrick missverstand das offenbar. Tom musste sich schwer zusammenreißen, um nicht dauerhaft den Kopf zu schütteln vor Unverständnis, oder um Patrick nicht mit der Faust ins Gesicht zu schlagen, weil er so ein gewaltiges Arschloch war.

2.

Am Mittwoch kam Tom zu spät zur Schule. Er war morgens einfach nicht aus dem Bett gekommen und eilte nun über das Schulgelände zum Klassenraum. Sein dritter Tag und er kam schon zu spät. Aber anscheinend waren die Lehrer hier ohnehin nicht so aufmerksam, wenn sie nicht einmal merkten, dass einer ihrer Schüler von seinen Mitschülern verprügelt wurde. Vielleicht merkten sie es auch und es interessierte sie einfach nicht. Tom fand beides schlimm.

Mit seinen Gedanken war er schon wieder bei dem armen Kevin, während er zum Klassenraum ging. Doch er hatte nicht damit gerechnet, ihm hier auch noch zu begegnen. Erst recht nicht, wenn dieser gerade wieder von Patrick, Dennis und Sascha fertiggemacht wurde. Aber es war so. Auf einer Treppe in der Nähe des Klassenraums saß er. Die drei deutlich stärkeren Jungen standen vor ihm und lachten ihn aus. Gerade schüttete Sascha ihm etwas Wasser über den Kopf.

Tom blieb stehen und sah sie an.

„Hey, Tom, komm rüber!", sagte Patrick und lächelte ihn an.

Zögernd ging er zu ihnen und ignorierte Kevin, der vor Angst fast zitterte.

„Wisst ihr, was jetzt richtig geil wäre? Kakao! Hat jemand Kakao?", fragte Patrick.

Keiner sagte etwas. Tom war nur froh, dass er gerade keinen Kakao in der Hand hielt.

„Ich kann einen vom Kiosk holen", sagte Sascha und wollte schon loslaufen.
„Nein, hol lieber Kaffee! Den richtig heißen aus der Mensa!", erwiderte Patrick.
Wie bitte? Die wollten ihm heißen Kaffee über den Kopf kippen? Allein bei der Vorstellung lief Tom ein Schauer über den Rücken. Auch Kevin fing leicht an zu wimmern. Wenn Tom jetzt nichts unternahm, wurde er gleich Zeuge, wie einem unschuldigen Jungen der Kopf verbrüht wurde.
„Äh... Der Unterricht...", stammelte er. „Ich meine, wenn wir alle fehlen, werden sie doch wissen, dass wir das waren. Außerdem möchte ich nicht so viel verpassen."
Patrick sah ihn ernst an und ging einen Schritt auf ihn zu. Doch dann fing er an zu lächeln.
„Du hast Recht. Danke, dass du uns bremst, wenn wir unvorsichtig werden. Du bist wirklich ein toller Freund", sagte er und klopfte ihm auf die Schulter.
„Auf gehts, Opfer!"
Tom lächelte künstlich. Er war kein guter Freund, wenn er ihnen verschwieg, dass er schwul war, nur damit er nicht so endete wie Kevin, der nun einen Tritt von Dennis abbekam, damit er aufstand.
„Dann haben wir ja jetzt schon einen Plan für die Pause", sagte Dennis lachend in die Runde.
Auf dem Weg zum Klassenraum legte Patrick einen Arm um Tom.
„Ich habe noch so viele gute Ideen... Wir werden viel Spaß zusammen haben", erzählte er und grinste.

Tom hatte ein wenig Angst vor diesen Ideen. Patrick war ein kreativer kleiner Psychopath, dem bestimmt noch tausende von Möglichkeiten einfielen, um Kevin zu quälen oder bloßzustellen.

*

Die ersten zwei Stunden dauerten eine Ewigkeit und waren trotzdem noch zu kurz. Tom wollte am liebsten, dass die Pause nie kam. Dann hätte er zwar für immer Unterricht, aber dafür würde Kevin auch keinen heißen Kaffee über den Kopf bekommen.
Sein Sitznachbar war auch sichtbar angespannt. Sein Blick ging jede Minute wieder zur Uhr und er packte seine Tasche bereits eine Viertelstunde früher. Vor lauter Angst wurde er fast ohnmächtig und er überlegte verzweifelt, wie er sich irgendwie der Situation entziehen konnte. Die Blicke, die ihm Patrick, Dennis und Sascha zuwarfen, machten ihn wahnsinnig.
Als ihr Lehrer sie schließlich in die Pause entließ, stürmte Kevin als erster aus dem Raum. Vielleicht könnte er vor ihnen weglaufen oder sich verstecken. Er würde sogar vom Schulgelände abhauen oder nach Hause gehen. Aber alle seine Pläne wurden zunichte gemacht, als plötzlich jemand eine Hand auf seine Schulter legte.
„Wo willst du denn so schnell hin, Kevin?", fragte Patrick. „Möchtest du die Pause nicht mit deinen ehemaligen Freunden verbringen?"

Er antwortete nicht, sondern konzentrierte sich nur darauf, weiter zu atmen, was ihm zunehmend schwerer fiel bei der Angst, die jede Faser seines Körpers durchzog. Er fühlte sich wie ein Verurteilter, der nun seinen Weg zum Scheiterhaufen antrat.
„Ich habe dich etwas gefragt!", meinte Patrick und trat ihm gegen das Schienbein.
Kevin verzog schmerzerfüllt das Gesicht.
„Doch…", flüsterte er. „Ich möchte bei euch sein."
„Geht doch!", sagte Patrick und klopfte ihm auf die Schulter, aber etwas fester, als andere es tun würden.
Er blieb stehen und sah sich um. Kevin hielt er dabei an der Schulter zurück.
„Wir müssen doch noch auf die anderen warten", erklärte er.
Dennis und Sascha kamen schon angelaufen, auf Tom mussten sie einen Moment warten.
„Komm schon!", heizte Patrick ihn an. „Jetzt werden wir Spaß haben!"
Sie liefen durch die Schule und fanden schließlich eine Ecke am Ausgang, in der sie ungestört waren. Sie waren eigentlich schon nicht mehr auf dem Schulgelände, aber das interessierte keinen von ihnen.
„Setz dich hin!", sagte Patrick zu Kevin und drückte ihn auf einen Bordstein.
Kevin sah von unten die vier an, die ihn missbilligend betrachteten. Ihrer Meinung nach war er minderwertig und hatte all das verdient. Kleine Tränen sammelten sich in seinen Augen.
„Sascha, Kaffee!", forderte Patrick.

Als Sascha lossprinten wollte, musste Tom eingreifen. Das war die einzige Gelegenheit, Kevin zu helfen.
„Warte, ich mache das schon!", sagte er schnell.
Die drei sahen ihn verwirrt an. Kevin hörte gar nicht zu.
„Als Zeichen der Freundschaft", fügte Tom hinzu.
Patrick nickte ihm grinsend zu und so machte er sich auf den Weg.
„Ich mag ihn", sagte Dennis, sobald er weg war.
„Ich auch. Der ist echt in Ordnung", stimmte Sascha ihm zu.
Patrick ging in die Hocke und sah Kevin aus der Nähe an.
„Jetzt sind wir wohl wieder komplett... Da hättest du auch sein können."
Er stand wieder auf.
„Wenn du nicht so ein ekelhaftes Stück Müll geworden wärst!"
Patrick beugte sich vor und spuckte ihm auf den Kopf. Kevin kniff nur die Augen zusammen und versuchte, es zu ignorieren. Er würde ihm gerne widersprechen und sagen, dass er immer noch derselbe war, der er immer gewesen war, aber er wusste, dass es zwecklos war. Aus Erfahrung hatte er gelernt, dass er immer am besten wegkam, wenn er einfach das machte, was sie sagten.

*

Als Tom wiederkam, sah Kevin ihm direkt in die Augen. Er hasste es, den Blondschopf so zu sehen. Sein

Blick war glasig. Die Angst und seine verkrampfte Haltung taten Tom in der Seele weh. Hatte da wirklich jemand Angst vor *ihm*? Er hatte noch nie jemandem etwas getan. Er war nicht einmal in der Lage dazu, jemandem etwas anzutun. Tom konnte es doch nicht einmal sehen, wenn es jemandem schlechtging! Das Einzige, was ihn in diesem Moment aufmuntern konnte, war die Tatsache, dass er Kevin zumindest ein bisschen geholfen hatte. Auch wenn dieser es nicht wusste.
„Es gab leider keinen Kaffee mehr, also habe ich Kakao mitgebracht", log Tom.
„Schade!", sagte Dennis.
Natürlich war es auch nicht schön, mit Kakao überschüttet zu werden, aber es war deutlich besser als heißer Kaffee.
„Trotzdem danke, dass du ihn extra geholt hast", meinte Sascha.
„Gerne."
Patrick lächelte Tom zu, als wollte er sagen, dass es ihm nicht leid tun musste, dass er keinen Kaffee bekommen hatte. Er nahm den Kakao und öffnete ihn.
„Dann wollen wir mal... Oder Kevin?"
Dieser antwortete nicht.
„Sprich!", forderte Patrick und trat ihm kräftig auf den Fuß.
„Ja", hauchte Kevin und biss sich auf die Unterlippe, um nicht zu zeigen, wie sehr der Tritt wehgetan hatte. Langsam schüttete Patrick ihm den Kakao über den Kopf. Auf seinen blonden Haaren sah man ihn besonders gut. Er lief über sein Gesicht und auf seine

Klamotten. Kevin kniff die Augen zusammen, um nichts hineinzubekommen. Tom sah stumm zu. Er fand es nicht schön, das zu sehen, aber dann erinnerte er sich daran, dass der Junge beinahe heißen Kaffee über den Kopf bekommen hätte und fand das dann doch ziemlich harmlos. Kevin sah das ähnlich, auch wenn er nichts sagte.

„Du hast mitbekommen, was wir in Mathe aufbekommen haben, oder?", fragte Dennis währenddessen.

„Ja", sagte Kevin leise.

„Das machst du bis morgen für uns alle vier", fuhr er fort.

Kevin antwortete nicht.

„Wenn du das artig machst, sind wir morgen vielleicht ein bisschen netter zu dir", meinte Sascha.

„Auch wenn du es verdient hast, nicht besser als der Dreck auf dem Boden behandelt zu werden", erwiderte Patrick.

„Wenn du es nicht machst, würde uns das nicht sehr gefallen", sagte Dennis. „Könnte sein, dass wir dann ein bisschen wütend werden."

„Hast du das verstanden?", fragte Sascha.

„Ja", flüsterte Kevin.

Tom sagte nichts, sondern hörte nur zu. Er bekam eine Gänsehaut beim Zusehen, wie Kevin sich seinen ehemaligen Freunden unterwarf. Es war demütigend, wie er unter ihnen saß, voller Kakao und das tun musste, was die anderen verlangten. Gleichzeitig schämte Tom sich, dass Patrick, Dennis und Sascha ihn anscheinend mittlerweile als richtigen Freund ansahen.

*

Kevin kam zur nächsten Unterrichtsstunde zu spät. Tom erkannte sofort, dass er sich auf der Toilette gewaschen hatte. Seine Haare waren wieder sauber, aber auf seiner Kleidung sah man immer noch deutlich die Kakaoflecken. Tom sagte kein Wort zu ihm und auch Kevin ignorierte ihn die ganze Stunde über.
In der zweiten großen Pause brauchten beide Abstand von Patrick, Dennis und Sascha. Kevin versteckte sich auf einer Toilette, während Tom sich an Jonas hielt. Er hoffte, ein paar Antworten auf die Fragen zu bekommen, die ihm immer noch im Kopf herumschwirrten. Sie setzten sich draußen auf eine Bank, doch die Ruhe hielt nicht lange, da die drei Deppen vom Dienst zu ihnen kamen.
„Hast du das Opfer gesehen?", fragte Patrick Tom.
„Nein, seit dem Ende der Stunde nicht mehr", antwortete dieser.
Es war nicht einmal gelogen. Er wusste nicht, wo Kevin war, aber selbst wenn er es gewusst hätte, hätte er es nicht gesagt.
„Du brauchst gar nicht so zu gucken, Jonas!", fauchte Dennis. „Er hat es verdient."
„Hey, ich halte mich einfach raus", antwortete Jonas und hielt abwehrend die Hände hoch.
„Ist auch besser so…", murmelte Sascha.
„Na ja, dann schnappen wir ihn uns eben nach Schulschluss", verkündete Patrick grinsend. „Pass bitte auf, wohin er abhaut."

Damit ließen sie Tom und Jonas endlich wieder alleine.
Zuerst schwiegen sie einen Moment und ließen das kurze Gespräch sacken.
„Ich kann gar nicht glauben, dass die mal befreundet waren", sprach Tom aus.
Jonas seufzte und setzte sich anders hin. Er redete nicht gerne darüber, weil es ihn traurig machte. Am liebsten wäre es ihm, wenn er gar nichts davon mitbekommen würde. Wegzusehen war einfach bequemer.
„Kann ich verstehen, aber es ist so." Beim Gedanken an die Vergangenheit lächelte er leicht. „Kevin war früher ganz anders als jetzt."
Tom sagte nichts, sondern hörte einfach dem zu, was Jonas ihm erzählte.
„Du hättest ihn gemocht. Jeder hat ihn gemocht. Er war… eine ziemliche Quasselstrippe. Der konnte einfach nicht aufhören zu reden und war immer am lachen und scherzen. Ein richtiger Sonnenschein. Ich glaube, deswegen wollte Patrick ihn irgendwann aus dem Weg räumen."
„Hä? Wie meinst du das?"
Jonas legte diplomatisch seine Hände ineinander.
„Patrick wollte immer das Sagen haben. Ich konnte den noch nie leiden. Einfach unsympathisch, der Typ. Aber irgendwie haben alle immer auf ihn gehört, bis Kevin ihm in den Weg kam. Man hat schon gemerkt, dass es Patrick nicht passte, wie Kevin sich verhalten hat. Er hat seine Meinung gesagt und ihm auch mal widersprochen. Das konnte Patrick gar nicht ab. Und dann haben sich auch noch Dennis und Sascha eher

Kevin zugewandt. Also, wenn du mich fragst, hatte der einfach Angst, seine Stellung zu verlieren."
Tom hörte zu und schloss seine Augen. Es ergab schon Sinn, was Jonas so erzählte. Er hatte keinen Grund, es anzuzweifeln.
„Und was ist mit seiner Homosexualität? Ist das nur ausgedacht?", fragte er.
Jonas seufzte und dachte nach.
„Ich weiß es nicht. Ich würde Patrick auf jeden Fall zutrauen, so ein Gerücht in die Welt zu setzen, aber ich habe Kevin nie gefragt. Es könnte sein, dass er tatsächlich schwul ist, aber Patrick mobbt ihn nicht deswegen, glaube ich nicht. Das ist nur ein Vorwand."
„Und Dennis und Sascha?"
„Die sind doch nur Mitläufer. Von sich aus würde keiner Kevin etwas antun. Patrick hat auch immer die kranken Ideen, um ihn zu demütigen."
Tom atmete tief durch.
„Was ist eigentlich mit dir? Du verbringst ziemlich viel Zeit mit ihnen?", fragte Jonas misstrauisch.
„Ich bin da so reingeraten, aber eigentlich will ich das nicht. Ich bin nicht so einer."
„Gut so."
„Und was soll ich jetzt machen?"
„Halt dich unauffällig von ihnen fern!"
„Und mit Kevin? Ich finde es einfach blöd, ihn seinem Schicksal zu überlassen, ohne etwas dagegen zu unternehmen. Er tut mir so leid", erzählte Tom und sah auf den Boden.

Ob es ihn nur berührte, weil er auch schwul war? Oder lag es daran, dass er allgemein ein empathischer Mensch war?

„Das Thema hatten wir doch schon. Du kannst dich ihnen nicht in den Weg stellen. Patrick ist gnadenlos. Wenn du dich Kevin anschließt, siehst du bald genauso aus. Und wenn du jemandem davon erzählst, wird es ihm noch schlimmer ergehen. Sie werden ihn dafür bestrafen."

Tom fragte sich, ob das stimmte. Konnte man wirklich nichts tun, um ihm zu helfen? Oder war das nur eine Ausrede von Jonas, weil er sich nicht die Mühe machen wollte? Waren alle vielleicht nur zu ängstlich und zu faul? Obwohl er sich nicht sicher war, ob Jonas damit richtig lag, sagte er nichts. Wenn Jonas mit dem schlechten Gewissen leben konnte, dann sollte er das tun. Tom war eigentlich bewusst, dass er, wenn er nichts dagegen unternahm, ebenfalls zum Täter wurde, aber diesen Gedanken verdrängte er so gut es ging.

*

Nach Schulschluss war Kevin wie immer als erster aus dem Raum. Ob ihm seine Peiniger jeden Tag auflauerten? Tom ging ihm direkt nach, um zu sehen, in welche Richtung er lief, blieb dann aber im Flur stehen. Hätte er ihm nachgehen sollen? Was hätte er ihm denn gesagt? Ob Kevin ihm antworten würde, wenn er Fragen stellte?

Patrick, Dennis und Sascha waren ebenfalls ziemlich zügig draußen. Sie sahen sich sofort um, aber Kevin war glücklicherweise schon weg. Vielleicht blieb er heute einigermaßen verschont, abgesehen von den verschmutzten Klamotten natürlich.
„Wo ist die Schwuchtel hin?", fragte Sascha.
Patrick sah zu Tom und runzelte die Stirn.
„Er ist da lang!", meinte Tom und deutete absichtlich in die falsche Richtung.
„Danke, Kumpel!", sagte Dennis und klopfte ihm auf die Schulter.
Sie sprinteten los, nur Patrick blieb noch stehen.
„Kommst du mit?", fragte er Tom.
Nie im Leben würde er mitgehen und jemanden verprügeln.
„Nein, meine Eltern warten", antwortete er.
„Du verpasst was!", meinte Patrick noch und lief seinen beiden Freunden nach.
Hoffentlich war Kevin inzwischen weit vom Schulgelände weg, sodass die drei ihn nicht mehr fanden, aber Tom hatte ein gutes Gefühl. Er hatte sie ordentlich in die Irre geführt.

*

Die restliche erste Woche an der neuen Schule überstand Tom ohne große Vorkommnisse. Er hielt sich weitestgehend von Patrick, Dennis und Sascha fern und bekam auch nicht weiter mit, was sie mit Kevin anstellten. Natürlich dachte er sich seinen Teil, wenn Kevin humpelnd nach der Pause wiederkam und

sich die Seite hielt, aber er redete mit keinem darüber. Es war wirklich das Beste, sich einfach rauszuhalten. Bestimmt würde er sich irgendwann daran gewöhnen. Kevin musste irgendwie alleine klarkommen.
Das Einzige, was Tom mitbekam, war, dass Kevin wirklich die Mathehausaufgaben für sie alle gemacht hatte. Dafür wurde er tatsächlich ein bisschen weniger gemobbt. Den Eindruck hatte Tom zumindest, aber er bekam ohnehin nicht weiter mit, was so geschah. Was ihm noch auffiel, waren die kreativen Ausreden, die alle für Kevins Verletzungen hatten.
„Kevin, warum humpelst du?"
„Gestolpert."
„Was ist das denn für ein Kratzer im Gesicht?"
„Meine Katze."
„Warum hältst du dir so die Seite?"
„Bin gegen die Türklinke gelaufen."
Selbst wenn Kevin zu spät zum Unterricht kam, weil er sich noch auf der Toilette säuberte, fanden Patrick, Dennis und Sascha eine Ausrede. Sie erzählten, er habe seine Jacke/Flasche/Tasche irgendwo vergessen und müsse sie noch holen. Oder sie erzählten, er würde sich noch mit einem Lehrer über seine Noten unterhalten oder er habe gekleckert und würde seine Sachen waschen. Die Möglichkeiten waren endlos und keiner dachte sich etwas dabei.
Montags erging es Kevin meistens am schlimmsten. Ende der Woche freute er sich immer auf das Wochenende, weil er endlich zwei Tage Ruhe vor seinen Peinigern hatte. Montags war das Wochenende aber noch in so weiter Ferne. Zuerst musste er fünf

Tage voller Schmerzen und Demütigungen aushalten. An diesem Montag hatte Kevin so große Angst davor, zur Schule zu gehen, dass ihm richtig schlecht wurde. Er konnte seine Mutter überreden, ihn einen Tag krankzuschreiben. So konnte er sich entspannen und ausruhen.

Natürlich wunderte sich seine Mutter, warum es Kevin in diesem Schuljahr plötzlich so viel schlechter ging oder warum er sie immer wieder fragte, ob er nicht einen Tag zu Hause bleiben konnte. Früher war er nie so anfällig gewesen, aber sie dachte sich nichts weiter dabei. Vermutlich lag es einfach daran, dass er jetzt mehr Stress hatte.

Tom hatte natürlich mitbekommen, dass Kevin nicht gekommen war, und war sich ziemlich sicher, dass er nur wegen Patrick, Dennis und Sascha nicht kam. Eigentlich war es logisch, aber es beschäftigte ihn den ganzen Tag über. Wie traurig es war, dass er jetzt sogar die Schule schwänzte, nur weil er Angst vor seinen Mitschülern hatte. Wie schlecht konnte es einem Menschen denn gehen?

Beim Abendessen dachte Tom immer noch darüber nach. Als er ganz gedankenverloren seinen Teller hinausbrachte, war er so in Gedanken versunken, dass er mit dem Knie gegen eine Kante schlug.

„Aua!", sagte er und hielt sich die schmerzende Stelle. Seine Mutter kam gerade in die Küche.

„Tom, was machst du denn?", fragte sie. „Warte, ich hole dir eine Salbe!"

Während sie ins Bad ging, stellte er seinen Teller auf die Spüle, setzte sich auf einen Stuhl und zog seine

Hose hoch, sodass das Knie nun zu sehen war. Seine Gedanken schweiften zu Kevin und den dutzenden blauen Flecken auf seinem Körper. Eine Gänsehaut breitete sich wieder auf seinem Körper aus, doch sie verging schnell wieder, als seine Mutter zurückkam.
„Ihr habt morgen wieder Sport, oder? Hast du deine Sachen schon gepackt?", fragte sie.
Tom cremte sich sein Knie ein und dachte an seine letzte Sportstunde. Der arme Kevin könnte so eine Salbe auch gebrauchen.
„Nein, mache ich gleich", antwortete Tom.
Er stand auf und ging in sein Zimmer. Die Salbe nahm er mit und packte sie vorsichtshalber in seine Tasche. Für alle Fälle.

*

Dienstag war Kevin wieder in der Schule. Tom freute sich nicht darüber. Es wäre wohl für alle schöner gewesen, wenn er noch ein bisschen zu Hause geblieben wäre. Dann hätte er nicht wieder leiden und Tom hätte nicht wieder zusehen müssen. Wobei ersteres natürlich im Vordergrund stand.
Nach der vierten Stunde hatte Tom ein längeres Gespräch mit seiner Deutschlehrerin, da sie nächste Woche eine Klassenarbeit schrieben und ihm durch seinen Schulwechsel einiges an Stoff fehlte. Sie gab ihm einige Tipps zur Vorbereitung und sicherte ihm zu, ihm noch ein paar Materialien zur nächsten Stunde mitzubringen, damit er sich besser vorbereiten konnte.

Tom war ihr dankbar für die Hilfe und machte sich anschließend auf den Weg zur Sporthalle. Durch das Gespräch war er zu spät dran und seine Mitschüler waren schon in den Umkleiden, manche sogar schon in der Halle. Tom war mit seinen Gedanken noch ganz bei den Tipps, die ihm seine Lehrerin gegeben hatte, weshalb er sich erschrak, als er die Tür zur Umkleide öffnete und sah, wie Patrick, Dennis und Sascha auf Kevin einschlugen.
Sobald sie ihn sahen, hörten sie auf und sahen ihn erschrocken an. Tom konnte nur mit offenem Mund auf Kevin starren, der wie ein kleines Häufchen Elend auf dem Boden saß und weinte. Sie hatten ihn offenbar an der Nase getroffen, denn sie blutete stark und auch sein Oberteil war schon mit roten Spritzern übersät.
Patrick ging einen Schritt auf Tom zu, der intuitiv einen Schritt nach hinten ging. Der Schock über den Anblick Kevins stand ihm noch ins Gesicht geschrieben. Er sah nur rot, hörte nur Kevins Wimmern und schmerzerfülltes Stöhnen. Patrick konnte sein Verhalten nicht verstehen.
„Hey, entspann dich! Wir tun dir nichts. Du bist ja keine Schwuchtel", sagte er und legte lächelnd einen Arm um Tom.
Wenn er nur wüsste…
Patrick schob Tom zu Kevin und den anderen hinüber. Als sie angekommen waren, schloss er die Augen und leckte sich über die Lippen.
„Es gibt doch nichts Schöneres, als Abschaum zu zeigen, wo er hingehört", sagte er und trat noch einmal

heftig gegen Kevin, der nun zur Seite kippte und vor ihnen auf dem Boden lag.

Er drehte leicht seinen Kopf und sah nach oben. Er hasste es, unter ihnen zu liegen und zu sehen, wie sie ihn von oben herab beobachteten.

„Du bist widerlich", meinte Dennis und trat ihm auf den Rücken, was Kevin vor Schmerz aufstöhnen ließ.

Tom sah auf ihn herunter. Kevin kauerte sich zusammen, um sich vor weiteren Schlägen oder Tritten zu schützen. Für Tom war er in diesem Moment das pure Leiden. Wie konnte man auf jemanden eintreten, der schon so vor einem auf dem Boden lag? Wie konnte man daraus in irgendeiner Art und Weise Befriedigung gewinnen? Machte sie das wirklich glücklich? Es musste das Gefühl der Macht und Überlegenheit sein, das sie diesen Anblick genießen ließ.

„Na, los! Worauf wartest du, Tom?", fragte Patrick.

Tom stand einfach nur da und wusste nicht, was er sagen oder tun sollte. Alle anderen Jungs waren bereits in der Halle und diejenigen, die hier waren, erwarteten von ihm, dass er zutrat und den Blondschopf ordentlich leiden ließ, aber das konnte er doch nicht tun! Wie sollte er aus dieser Situation wieder herauskommen?

„Ich… Ich habe noch nie…", stammelte er nervös.

Patrick legte ihm eine Hand auf die Schulter.

„Nur keine Scheu! Lass einfach alles raus!", meinte er.

Tom sah wieder zu Kevin, der zu ihm aufsah und jeden Moment damit rechnete, dass er zutrat.

„Ich muss mich auch noch umziehen", sagte Tom, wandte sich ab und nahm seine Tasche. Er wollte erst einmal Zeit gewinnen. „Danach kann ich ihm immer noch zeigen, was ich von ihm halte."
„Du hast Recht", meinte Dennis. „Herr Emmer wird sich wundern, wo er so lange bleibt."
Patrick deutete Richtung Tür.
„Dann gehen wir schon einmal in die Halle und regeln das. Du hast also alle Zeit der Welt, um dich umzuziehen und noch ein bisschen Spaß mit ihm zu haben", sagte er. Er legte Tom eine Hand auf die Schulter und lächelte ihn an. „Glaub mir, es ist ein geiles Gefühl!"
„Okay", sagte Tom und zwang sich zu einem Lächeln.
„Viel Spaß!", rief Sascha ihm noch grinsend zu, bevor die drei sich in Richtung Halle aufmachten.
Tom entspannte sich, sobald sie weg waren. Jetzt musste er sich nicht mehr verstellen oder gar jemandem wehtun. Kevin hingegen hatte jetzt noch mehr Angst als vorher. Bei Patrick, Dennis oder Sascha wusste er genau, was sie taten, um ihm wehzutun. Er konnte sich auf sie einstellen. Tom kannte er nicht, deswegen rechnete er mit ganz neuen Qualen.
Während Tom sich komplett umzog, setzte Kevin sich vorsichtig wieder auf und versuchte, ruhig zu atmen. Er beobachtete voller Angst jede kleine Bewegung von Tom. Als dieser schließlich fertig war und zu ihm rüber sah, bekam er Panik. Tom ging ein paar Schritte auf ihn zu und Kevin rutschte über den Boden weiter von ihm weg. Es tat Tom in der Seele weh, zu sehen, wie viel Angst er vor ihm hatte.

„Los, aufstehen jetzt!", sagte Tom und griff ihm unter die Arme, um ihm aufzuhelfen.
Kevin machte unsicher mit. Er hatte keine Ahnung, was ihn erwartete, aber er hatte wahnsinnige Angst davor. Tom drehte ihn um 180°, sodass er nun mit dem Rücken zu ihm stand, und forderte: „Zieh dein Shirt aus!"
Kevin tat, wie von ihm verlangt. Er war vorsichtig, weil ihm alles wehtat von den Schlägen und Tritten zuvor. Während er so dastand, rührte er sich keinen Zentimeter, sondern versuchte, sich mental auf die Schmerzen einzustellen.
„Bitte… nicht so dolle…", sagte er vorsichtig.
Tom hatte es gehört, antwortete aber nicht. Er wusste nicht, was er dazu sagen sollte. Es tat ihm einfach nur unfassbar leid, wie angsterfüllt dieser Junge war. Er konnte keinem gegenübertreten, ohne Angst davor haben zu müssen, von diesem verprügelt zu werden.
Kevin hörte, wie Tom in seiner Tasche kramte. Wollte er ihm etwa mit einem Gegenstand Schmerzen zufügen? Er lehnte sich nach vorne und stützte sich mit seinen Händen auf dem Waschbecken ab, damit das Blut von seiner Nase dort hineintropfen konnte. Als er hörte, dass Tom näherkam, breitete sich Panik in ihm aus.
„Bitte…", sagte er fast flehend und kniff die Augen zusammen.
Er rechnete jeden Moment damit, Schmerzen zu spüren. Doch plötzlich spürte er etwas Kaltes auf der Haut. War das ein Gel? Ein Schmerzgel? Kevin verstand nicht, was passierte, er spürte nur eine Hand,

die diese kühle Flüssigkeit auf seinem Rücken verteilte. Wann war er das letzte Mal so zärtlich angefasst worden? Er entspannte sich langsam, aber sagte kein Wort. Was sollte er sagen? Er verstand doch selbst nicht einmal, was passierte oder warum Tom das tat.

Als Tom fertig war, blieb Kevin weiter in seiner Position stehen und rührte sich keinen Zentimeter.

Tom wollte etwas sagen, aber er wusste nicht, was. Er wollte Kevin nicht mit Fragen überrumpeln, aber ihn aufmuntern konnte er auch nicht. Er war unsicher, genau wie Kevin. Ohne noch irgendetwas dazu zu sagen, ging er aus der Umkleide und zur Halle.

Tom war immer noch ziemlich durch den Wind, als er die Halle betrat. Bevor er sich auf die neue Situation einstellen konnte, kam schon ihr Sportlehrer Herr Emmer auf ihn zu.

„Geht es Kevin jetzt besser?", fragte er ihn.

„Was?", antwortete Tom verwirrt.

„Die Jungs haben erzählt, dass er Bauchschmerzen hat."

Das war also ihre neue Ausrede, um Kevins Fehlen zu entschuldigen.

„Ja, es geht ihm schon etwas besser. Er kommt bestimmt gleich", erklärte Tom.

„Gut. Also, wir haben einen kleinen Parcours aufgebaut, den ihr mit einem Basketball bestreiten sollt. Es geht einfach darum, das Ballgefühl zu verbessern", erzählte Herr Emmer.

„Okay."

Tom ging zu dem großen Kasten, um sich einen Ball herauszuholen, da kam schon Patrick auf ihn zu und legte einen Arm um seine Schulter.
„Und? Wie war es?", fragte er begeistert und grinste Tom an.
Da dieser kein schlechtes Gewissen wegen irgendetwas haben musste, konnte er getrost zurück lächeln.
„Ziemlich gut", antwortete er.
„Sag ich doch!", meinte Patrick.
„Es hat sich gut und… richtig angefühlt."
„Es ist auch richtig, ihm zu zeigen, wo sein Platz ist: unter unseren Schuhen!"
Das sah Tom etwas anders, aber er sagte nichts weiter dazu. Patrick war begeistert, dass sein neuer Kumpel es durchgezogen hatte.
„Du hast ihn aber noch am Leben gelassen, oder?", fragte er lachend.
„Natürlich, ich bin doch kein Monster! Auch wenn ich schon fand, dass ich ziemlich grausam war", antwortete Tom.
„Du bist ein geiler Typ", meinte Patrick.
Beide gingen mit ihren Bällen in den Parcours. Da ging Toms Blick zu Jonas, der ganz in ihrer Nähe stand und ihn böse ansah. Hatte er ihnen zugehört? Dachte er jetzt wirklich, dass Tom Kevin wehgetan hätte? Er musste auf jeden Fall mit ihm reden, damit er nichts Falsches dachte. Tom würde nur ungern auf den einzigen echten Freund verzichten, den er hier hatte. Zehn Minuten später kam Kevin auch wieder zum Unterricht. Er hatte sich saubergemacht und blutete nicht mehr. Auch wenn er versuchte, sich nichts

anzumerken zu lassen, sah man doch, dass ihm jede Bewegung wehtat. Während des Unterrichts sah er immer wieder zu Tom, was diesen besonders freute, weil Kevin vorher jeden Blickkontakt mit ihm vermieden hatte.

*

In einer kleinen Trinkpause ging Tom zu Jonas, um mit ihm zu reden. Er wollte nicht, dass irgendeine Unwahrheit zwischen ihnen stand.
„Können wir kurz reden?", fragte er Jonas.
Die beiden gingen ein paar Schritte von den anderen weg weiter in den Gang, damit ihnen keiner zuhörte.
„Ich will nichts mehr von dir wissen! Mit solchen Leuten will ich nichts zu tun haben", zischte Jonas.
Er hatte also definitiv etwas mitbekommen.
„Jetzt hör mir doch erst einmal zu!", meinte Tom.
„Was willst du mir erzählen? Dass du das nur getan hast, weil dich Patrick dazu gezwungen hat?"
„Ich habe gar nichts getan!"
Jonas verschränkte die Arme vor der Brust.
„Also hast du nur mit ihm geknutscht, als ihr da oben alleine wart?"
Tom sah ihm ernst in die Augen.
„Ich meine es ernst. Jonas, ich habe ihm nichts getan! Habe ich nicht!"
Sie sahen sich an.
„Ich habe ihm nicht ein Haar gekrümmt", fügte Tom hinzu.
„Echt nicht?", hakte Jonas nach.

„Echt nicht. Du kannst ihn gerne fragen, aber du redest ja nicht mehr mit ihm!"
Jonas seufzte.
„Tut mir leid, dass ich dir so etwas unterstellt habe. Eigentlich hätte ich es wissen sollen. Du bist nicht so einer!"
„Schon okay. Aber erzähl das bloß nicht Patrick!"
„Natürlich nicht!"

3.

Nach den zwei Sportstunden hatten sie glücklicherweise schon Schluss, da der Nachmittagsunterricht ausfiel. Tom musste sich nur noch umziehen und dann konnte er endlich nach Hause. Als alle Jungs in der Umkleide waren, redeten sie mal wieder über die Neuigkeiten in der Bundesliga. Kevin und Tom hielten sich wie immer aus dem Gespräch raus.
Als Patrick, Dennis und Sascha fertig waren, blieben sie noch kurz in der Umkleidekabine stehen.
„Wollen wir noch kurz auf unseren guten Freund Kevin warten?", fragte Patrick und grinste.
Tom sah, wie Kevin blass wurde. Er hasste es, ihn so verängstigt zu sehen.
„Ich glaube, er hat genug für heute", sagte er ganz selbstbewusst.
Die anderen Jungs verließen in der Zwischenzeit die Kabine.
„Du hast Recht, mein Freund", meinte Patrick. „Morgen ist auch noch ein Tag… Aber dann darfst du ihm jetzt auch nichts tun! Du sollst ja nicht alleine deinen Spaß haben!"
„Nein, keine Angst!", erwiderte Tom und lachte beschämt.
Die drei verabschiedeten sich und gingen. Jetzt wurde es ruhiger in der Umkleide, weil nur noch Kevin und Tom da waren und sich weiter anschwiegen. Es war ihnen ein wenig unangenehm, da beide Fragen an den anderen hatten, sich aber nicht trauten, diese zu

stellen, weil sie eben nicht wussten, wie der andere reagieren würde.
Tom war als erstes fertig. Anstatt zu gehen, setzte er sich einfach hin, lehnte sich an die Wand und sah zu Kevin. Dieser war nun auch fertig und griff seine Tasche, um zu gehen. Doch dann sah er zu Tom. Er stellte seinen Rucksack wieder ab und setzte sich wie Tom auf eine Bank. Zuerst schwiegen sie sich einfach nur an, aber es war ihnen nicht unangenehm. Eigentlich fühlten sie sich sogar ziemlich wohl beieinander. Kevin entspannte sich und hatte keine Angst mehr.
„Danke", sagte er schließlich.
Sie sahen einander an und es vergingen einige Sekunden, bevor Tom antwortete:
„Kein Ding."
Beide sahen wieder in unterschiedliche Richtungen und warteten darauf, dass der andere etwas sagte. Tom setzte sich schließlich anders hin und seufzte.
„Also… Warum wirst du gemobbt?", fragte er.
Kevin verzog nicht eine Mine und überlegte lange, was er antworten sollte.
„Haben sie dir das nicht gesagt?", erwiderte er.
Tom wiederholte diesen Satz einige Male in seinem Kopf und fragte sich, was Kevin damit sagen wollte.
„Sie behaupten, du seist schwul", sagte er.
„Na, also, da hast du deine Antwort doch."
Kevin sah ihn nicht an. Er wollte nicht, dass Tom sah, wie nahe ihm die ganze Sache ging.
„Also, stimmt es?", fragte Tom nach.

„Wieso interessiert dich das?", erwiderte Kevin und sah jetzt doch zu ihm.
„Ich wollte nur wissen, ob sie nicht vielleicht nur Gerüchte verbreiten."
Er ließ sich viel Zeit mit der Antwort. Sollte er ihn belügen? Was würde das bringen? Eigentlich konnte sich Tom ohnehin denken, dass es stimmte. Alle wussten schon, dass es so war. Warum sollte er es dann vor ihm verheimlichen?
„Ja, es stimmt", sagte Kevin seufzend. Er lehnte den Kopf gegen die Wand und versuchte, nicht zu weinen.
„Das passiert wohl, wenn man den falschen Leuten vertraut."
Tom sah ihm an, wie verletzt Kevin war. Natürlich war es furchtbar, wenn das eigene Vertrauen missbraucht wurde. Er wollte weiter nachfragen, sah Kevin aber an, dass er nicht weiter darauf eingehen wollte.
„Wieso hast du mich vorhin verschont?", fragte Kevin.
Tom sah ihn verwirrt an.
„Wieso hätte ich dir etwas tun sollen? Ich hatte keinen Grund dazu."
Kevin zuckte mit den Schultern.
„Ich habe gehört, es soll ziemlich viel Spaß machen, andere niederzumachen... all seine Wut rauszulassen..."
Die Trauer in seiner Stimme hinterließ eine Gänsehaut auf Toms Körper.
„Du hast mir nichts getan", wiederholte er.
Kevin stand auf und nahm seine Tasche.
„Ich bin Abschaum. Ich habe es nicht anders verdient", sagte er todernst und ging.

Tom blieb sitzen und ließ das Gespräch noch einen Moment sacken.

*

Mittwoch war Tom ausnahmsweise mal überpünktlich in der Klasse und setzte sich auf seinen Platz. Nach seinem Gespräch mit Kevin am Vortag konnte er es kaum erwarten, den Blondschopf wiederzusehen. Aus irgendeinem Grund interessierte ihn seine Geschichte und er wollte jede Möglichkeit nutzen, ihm irgendwie zu helfen.
Fünf Minuten vor Beginn der ersten Stunde kam auch Kevin in den Raum. Er versuchte wie immer, möglichst unauffällig zu sein, um keine Aufmerksamkeit auf sich zu ziehen. Stumm setzte er sich auf seinen Platz und sah aus dem Fenster. Tom sah sich kurz um, bevor er sich an ihn wandte.
„Wie geht es dir?", fragte er leise.
Kevin war überrascht, dass er mit ihm sprach, und brauchte erst einen Moment, um zu antworten.
„Gut."
Beide wussten, dass es gelogen war. Eigentlich war er ängstlich wie jeden Morgen. Er hatte keine Ahnung, was ihn an diesem Tag erwartete.
„Irgendwelche Vorfälle vor der Stunde?", fragte Tom nach.
Kevin schüttelte den Kopf. Er hatte Patrick, Dennis und Sascha noch nicht gesehen. Tom war erleichtert, aber die Freude hielt nicht lange an, weil die drei Deppen nun den Raum betraten. Da es aber schon kurz vor

Stundenbeginn war, ließen sie Kevin vorerst in Ruhe. Vorerst.

*

In der kleinen Pause nach der ersten Stunde kam Anastasia an ihren Tisch und blieb vor Tom stehen. Er befürchtete schon, sie würde ihn wieder zu einem Treffen einladen oder so etwas und fühlte sich direkt unwohl. Aber Anastasia hatte ein freundliches Lächeln auf den Lippen und fragte ihn nur, ob er kurz mitkommen könnte, da sie mit ihm unter vier Augen reden wollte.

Tom wollte Kevin eigentlich nicht alleine lassen, aber ihm fiel auch kein vernünftiger Grund ein, um Anastasia abzuweisen, deshalb ging er mit ihr in den Flur. Sie sah sich gründlich um, um sicherzustellen, dass sie keiner hörte. Dann knetete sie nervös ihre Finger und lächelte Tom an.

„Ich wollte dich zu meiner Geburtstagsparty am Samstag einladen. Ich weiß, das ist ein bisschen kurzfristig, aber du warst eigentlich gar nicht eingeplant", erklärte sie und schmunzelte.

„Und warum lädst du mich jetzt doch ein?"

„Jonas hat mich darum gebeten."

Das überraschte Tom ein wenig, aber er freute sich, dass sein neuer Freund so viel von ihm hielt.

„Also, wir feiern Samstag um 18:00 Uhr bei mir zu Hause. Ich schreibe dir die Adresse."

„Ich glaube, da kann ich kommen."

„Freut mich... Eine Sache noch: Erzähl bitte keinem, dass ich dich eingeladen habe", bat Anastasia.
Tom sah sie verwirrt an.
„Ich möchte mich vor Patrick nicht rechtfertigen, warum ich ihn nicht eingeladen habe, dich aber schon."
„Und warum hast du ihn nicht eingeladen?"
Sie seufzte.
„Ich möchte mich einfach lieber von solchen Leuten fernhalten. Eigentlich wollte ich dir deshalb auch aus dem Weg gehen, aber Jonas meinte, du seist anders als die."
„Bin ich auch", versicherte Tom ihr.
„Super. Also, du sagst ihm nichts?"
„Nein, alles gut."
„Na, dann bis Samstag!"

*

In der ersten großen Pause musste die Klasse den Raum wechseln. Kevin versuchte, so schnell wie möglich abzuhauen, damit Patrick und seine Freunde ihn in Ruhe ließen, dabei war das eigentlich gar nicht nötig. Patrick hatte ganz andere Pläne, als seinen ehemaligen Freund zu ärgern. Er wollte mit Anastasia reden. Tom war zufällig in der Nähe und lauschte ihrem Gespräch unauffällig.
„Anastasia, ich habe mitbekommen, dass du Samstag eine Party feierst. Luisa hat es erzählt", sagte Patrick.
„Ja, das stimmt auch", antwortete Anastasia unbekümmert.

Sie wusste genau, was er fragen würde.
„Warum hast du mich nicht eingeladen?", fragte Patrick.
„Hätte ich gerne, aber meine Eltern haben mir nicht erlaubt, so viele Leute einzuladen. Tut mir leid."
Während Tom zuhörte, gesellte sich Jonas zu ihm.
„Ich glaube, sie hat Angst vor ihm", meinte dieser.
„Vor Patrick?"
„Ich glaube, das hat so ziemlich jeder, der weiß, was er mit Kevin so anstellt."
Stumm schauten sie zu Anastasia, die sich nun höflich von Patrick verabschiedete. Er machte sich auf die Suche nach seinen Freunden Dennis und Sascha.
„Er sah wütend aus. Bestimmt bekommt Kevin das gleich ab", meinte Jonas.
Tom seufzte. Das konnte er sich leider sehr gut vorstellen. Hoffentlich erwischte er Kevin nicht.

*

Leider wurde sein Wunsch nicht erfüllt. In der zweiten großen Pause wollte Tom sich am liebsten sofort aus dem Staub machen, aber Patrick packte ihn direkt am Arm und schliff ihn mit sich.
„Jetzt haben wir ein bisschen Spaß", hatte er noch gesagt und war mit ihm zusammen Kevin nachgelaufen, der leider nicht mehr rechtzeitig wegkam. „Hast du diese Pause schon etwas vor?"
Kevin rührte sich nicht, als Patrick ihn kräftig an der Schulter packte.
„Nein", brachte er leise hervor.

„Gute Antwort, bringt dir jetzt aber leider auch nichts mehr."
Tom und Kevin sahen sich kurz an. Beide waren gleichermaßen verängstigt und besorgt. Patrick hatte sein typisches Psychopathengrinsen auf den Lippen und große Pläne für diese Pause. Er führte die beiden zielstrebig durch die Schule in eine ruhige Ecke auf dem Hof, wo sie zuerst einmal warteten. Natürlich musste Kevin wieder sitzen, um seinen niederen Stand zu verdeutlichen.
„Was ist los?", fragte Tom, der nicht verstand, warum nichts passierte.
„Wir müssen auf Dennis und Sascha warten. Sie besorgen noch etwas."
Patrick ging einige Schritte im Kreis, bevor er sich vor Kevin hinhockte und ihn wütend ansah.
„Mir ist da etwas zu Ohren gekommen, das ich überhaupt nicht gut finde", sagte er.
Kevin sah auf den Boden.
„Ich weiß nicht, was du meinst", erwiderte er.
„Lüg nicht!", rief Patrick und schlug ihm mit der flachen Hand gegen die Wange. „Wer ist es?"
„Wovon redest du?", mischte Tom sich ein.
„Mir hat ein Vögelchen gezwitschert, dass unser kleines Opfer immer noch eine Person in der Klasse hat, die ihn unterstützt und ihm hilft. Also, wer ist es?", fragte Patrick ein weiteres Mal.
Kevin schüttelte den Kopf.
„Ich habe keinen Kontakt mehr zu niemandem... wie du es wolltest."

„Du bist ein dreckiger Lügner, aber du wirst schon noch sehen, was du davon hast", sagte Patrick und stand auf.
Er drehte sich um und sah direkt zu Tom.
„Du… Du glaubst doch nicht etwa, dass ich das sei?", fragte dieser und lachte nervös.
„Ach, Quatsch! Diese Person hat das auch schon gemacht, bevor du an die Schule kamst. Ich weiß doch, dass ich dir vertrauen kann", antwortete Patrick und klopfte ihm auf die Schulter.
Da kamen Dennis und Sascha zu ihnen. Letzterer hielt einen frischen Becher Kaffee in der Hand.
„Na, endlich!", rief Patrick.
Kevin wollte diesen Moment der Unaufmerksamkeit nutzen, um wegzulaufen, aber die Ecke, in der sie saßen, war sehr klein, sodass Dennis schnell bei ihm war und ihn festhielt. Zitternd wurde Kevin zurück zu den anderen dreien geschoben.
„Angst, Kevin?", fragte Sascha lachend.
Patrick griff mit einer Hand an Kevins Hals und drückte leicht zu.
„Ich gebe dir jetzt eine letzte Chance. Sag mir sofort, wer dein heimliches Helferlein ist!", forderte er und ließ los.
Kevin schwieg ihn nur an. Patrick seufzte und nahm den Kaffeebecher in seine Hand.
„Ausziehen!", forderte er.
Dennis und Sascha zogen Kevin widerwillig sein Oberteil aus. Als sie ihn an den Armen festhielten und er realisierte, was sie vorhatten, begann er, panisch zu

zappeln. Tom stand nur daneben und bekam kein Wort heraus.

„Oh, Kevin wehrt sich", rief Sascha lachend.

„Das haben wir ja lange nicht mehr gesehen", sagte Patrick. Er ging einen Schritt auf Kevin zu und hielt den Becher über ihn. Genussvoll goss er den dampfenden Kaffee über seine nackte Haut. Sobald er die Hitze spürte, wandte sich Kevin unter ihn, aber Dennis und Sascha konnten ihn weiterhin festhalten. Um nicht vor Schmerzen zu schreien, biss er sich kräftig auf die Unterlippe. Er konnte trotzdem nicht verhindern, dass Tränen aus seinen Augen auf den Boden tropften. Patrick goss den Becher bis auf den letzten Tropfen aus und seufzte anschließend. Es tat gut, andere Leute zu quälen. Es entspannte ihn. Sobald er fertig war, ließen Dennis und Sascha Kevin los und er fiel zu Boden. Tom war ganz woanders und beobachtete die Szene wie von einem anderen Planeten aus. Erst als ein jüngerer Schüler um die Ecke zu ihnen kam, kam er wieder zu sich und auch die anderen reagierten sofort.

„Schnell! Wir müssen ihn ins Sanitätszimmer bringen!", sagte Patrick.

*

Zwei Minuten später waren sie zu viert mit Kevin im Sanitätszimmer. Während der Pause war zum Glück einer der Schüler da, der ihn verarztete. Zuerst spülte er seine Schulter mit kühlem Wasser ab. Kevin beruhigte sich dabei langsam wieder, auch wenn es

immer noch ziemlich schmerzte. Währenddessen redeten die anderen im Flur mit der Sekretärin.
„Wie ist das passiert?", fragte sie die Jungs und verschränkte die Arme vor der Brust.
„Es war ein Versehen. Er hat etwas Kaffee über die Schulter bekommen", erklärte Patrick.
„Wer hat den Kaffee über ihn geschüttet?", fragte sie skeptisch.
Die vier sahen sich zuerst nur an. Keiner wollte sich zu dem Vorfall bekennen, bis Dennis schließlich die Schuld auf sich nahm:
„Ich war es, aber es war keine Absicht. Ich bin gestolpert und er stand halt ungünstig."
„Aha…" Sie nickte ein paar Mal nachdenklich. „Und warum hatte er kein Oberteil mehr an?"
Gute Frage. Was sollte man darauf denn antworten? Keinem von ihnen fiel eine gute Antwort ein. Selbst wenn Tom eine eingefallen wäre, hätte er weiter geschwiegen. Die ganze Situation kam ihm so surreal vor.
„Woher sollen wir das denn wissen? Vielleicht hatte er was im T-Shirt oder so! Da können wir doch nichts dafür!", sagte Patrick schließlich.
Die Sekretärin glaubte ihnen kein Wort und das wussten sie.
„In welcher Klasse seid ihr?", fragte sie.
„9a", log Patrick.
„Bei?"
„Frau Becker."
Frau Becker hatte tatsächlich die 9a. Das wusste er zufälligerweise und es war das erste, was ihm einfiel.

Dass sie tatsächlich in der 10c waren, würde die Sekretärin bestimmt nicht so schnell herausfinden.
„Okay, ihr könnt jetzt gehen."
Erleichtert wollten sich Patrick, Dennis und Sascha auf den Weg machen. Lediglich Tom blieb stehen.
„Was ist los?", fragte Dennis ihn.
„Geht ohne mich. Ich muss noch ein paar Anträge holen. Wegen der Busfahrkarte und so…", redete Tom sich raus.
„Okay, wir haben ja sowieso jetzt Kurse", meinte Sascha. „Bis nachher!"
Sie verabschiedeten sich und Tom folgte der Sekretärin in den Raum.
„Kann ich vielleicht noch bei Kevin bleiben?", fragte er direkt. „Er würde sich bestimmt über Gesellschaft freuen."
Sie betrachtete ihn zunächst skeptisch, dann winkte sie ihm, mitzukommen. Zusammen gingen sie wieder hinüber in den Sanitätsraum, in dem Kevin auf einer Liege saß und feuchte Tücher an seine verbrannte Schulter hielt, während der Schüler, der Aufsicht hatte, etwas in ein Buch eintrug.
„Ist es für dich okay, wenn er bei dir bleibt?"
Kevin sah auf und zu Tom. Dann nickte er. Es klingelte. Die Pause war vorbei.
„Ich bin gleich wieder da", sagte Tom schnell und ging.
Er lief zu dem Raum, in dem er jetzt Unterricht hatte und traf dort auf Jonas.
„Wo warst du?", fragte dieser.

„Ich gehe jetzt wieder zu Kevin in den Sanitätsraum. Kannst du für mich mitschreiben?"
Jonas sah ihn geschockt an.
„Wie geht es ihm? Ist alles okay?"
„Es geht schon", sagte Tom, nahm sich seine Sachen und wollte schon losgehen, ehe er sich noch einmal umdrehte. „Sag Patrick nichts davon!"
„Natürlich nicht."

*

Nachdem Tom seine Sachen geholt hatte, ging er auch noch zu Kevins Kursraum und suchte dort seinen Rucksack. Als er ihn endlich gefunden hatte, ging er vollbepackt zurück zum Sanitätszimmer. Er machte extra einen großen Umweg, um nicht noch Patrick oder seinen Freunden über den Weg zu laufen, und war damit tatsächlich erfolgreich. Keiner bekam mit, dass er sich wieder zurück zu Kevin schlich.
Als er die Tür zum Sanitätszimmer öffnete, war es still. Die Schüler der AG, die hier in der Pause für den Notfall da waren, waren nun wieder im Unterricht. Kevin lag einsam auf dem Bauch auf der Liege und auf seiner Schulter lagen ein paar feuchte Tücher, um sie zu kühlen. Er rührte sich nicht und sagte kein Wort, als Tom den Raum betrat, ihre Sachen abstellte und sich mit einem Stuhl zu ihm setzte.
„Wie geht es dir?", fragte Tom.
„Es tut weh", antwortete Kevin.

Mehr sagte er nicht. Tat es ihm weh, weil er verbrannt wurde? Oder dass es seine Freunde waren, die ihn so verletzt hatten? Wahrscheinlich beides.
„Na ja, jetzt bin ich jedenfalls da und leiste dir Gesellschaft", sagte Tom und rang sich ein kleines Lächeln ab.
Kevin sah ihn mit großen Augen an.
„Du solltest lieber gehen", sagte er. „Wie du gerade gesehen hast, tut mir Nähe zu meinen Klassenkameraden nicht gut. Und dir auch nicht."
Tom zuckte mit den Schultern.
„Sollen sie doch kommen. Die können mir nichts."
„Und mir? Willst du, dass sie mich deswegen verprügeln?"
„Warum sollten sie dich deswegen verprügeln?"
Kevin seufzte und sah kurz auf den Boden.
„Sie wollen mich ausschließen, isolieren. Ich darf mit keinem aus der Klasse mehr Kontakt haben. Sie haben gesagt… etwas wie ich darf nicht zur Gemeinschaft gehören, sonst könnte ich meine Krankheit weiter verbreiten."
Tom sagte nichts dazu. Er war zu geschockt, um eine gescheite Antwort zu finden.
„Ich bin eine Schande für meine Klasse. Deswegen muss ich mich von allen fernhalten."
„Und das glaubst du?", fragte Tom ehrlich.
Kevin überlegte erst einen Moment.
„Ich weiß nicht. Aber es tut keinem gut, wenn ich zu anderen Kontakt habe."

„Und wer ist diese mysteriöse Person, die dir heimlich hilft?", fragte Tom. „Patrick war sich ja ziemlich sicher, dass ich es nicht sein kann."

Dieses Mal antwortete Kevin gar nichts. Er sah Tom die ganze Zeit über in die Augen und schwieg vor sich hin. Er dachte nicht einmal darüber nach, es ihm zu verraten.

„Was ist denn?", fragte Tom.

„Das kann ich dir nicht sagen", antwortete Kevin und schüttelte leicht den Kopf.

„Warum nicht?"

„Weil du es sonst Patrick erzählst."

Es fühlte sich an wie ein Schlag ins Gesicht. Da kümmerte er sich um den kleinen Blondschopf, versuchte, ihm zu helfen, wo er konnte, und er glaubte ihm trotzdem nicht. Tom war klar, dass er noch nicht genug für Kevin tat und ihn in jedem Fall weiter unterstützen musste, aber er hatte definitiv schon gezeigt, auf welcher Seite er stand.

„Vertraust du mir nicht?", fragte er geschockt.

Kevin kaute auf seiner Unterlippe. Es tat ihm auch leid, Tom das sagen zu müssen, aber er wollte die Fehler der Vergangenheit nicht wiederholen.

„Ich habe schon einmal jemandem vertraut, der mein Vertrauen danach missbraucht hat. Das passiert mir nicht noch einmal", erklärte Kevin.

So sehr es Tom auch schmerzte, konnte er ihn verstehen. Wenn er in so einer Situation wäre, würde er auch bestimmt jedem erst einmal mit Misstrauen begegnen.

„Wie wäre es, wenn du mir einfach erzählst, was passiert ist. Wenn wir uns etwas besser kennenlernen, kannst du mir bestimmt leichter vertrauen", schlug Tom vor.
„Ich weiß nicht, ob ich dazu schon bereit bin..."
Kevin sah ihn unsicher an. Eigentlich hatte er nichts zu verlieren. (Wenn er diese dumme kleine Geschichte wusste, brachte es Tom auch nicht weiter. Dennis würde sie bestimmt genauso weitererzählen. Er brauchte nicht einmal zu lügen. Also, wenn Tom es sowieso jederzeit erfahren konnte, warum sollte Kevin sich dann verschließen? Trotzdem blieb ein ungutes Gefühl.
„Ich helfe dir einfach mal und du erzählst so viel, wie du bereit bist, zu erzählen. Okay?", fragte Tom und stand auf.
Kevin nickte. Das war okay.
Tom nahm ihm die feuchten Tücher von der Schulter und schmiss sie in den Mülleimer. Die Haut darunter war gerötet. Es sah schmerzhaft aus, aber er versuchte, nicht darauf zu achten. Mit einem neuen Tuch trocknete er Kevin vorsichtig ab. Zwar zuckte sein Patient unter jeder Bewegung und zog schmerzerfüllt die Luft ein, aber er sagte nichts und blieb liegen. Anschließend half Tom ihm wieder in seinen dünnen Pullover. Er musste doch nicht die ganze Zeit nackt hier liegen. Als Kevin wieder auf dem Bauch lag, setzte sich Tom auch wieder auf seinen Stuhl.
„Was möchtest du denn wissen?", fragte Kevin.
Er legte seinen Kopf auf seine Arme, die er wie ein Kissen darunter verschränkte, und schloss die Augen.

Tom bekam einen ganz trockenen Mund. Er hatte schon eine Frage, die ihm auf der Seele lag, aber er hatte Angst, durch diese Frage sein Gesicht zu verlieren. Kevin sollte ihm nicht anmerken, was in ihm vorging.

„Wie hast du gemerkt, dass du schwul bist?", fragte er und tat so, als wäre es nichts Besonderes, das zu fragen. Tatsächlich aber hatte er noch nie mit jemandem über seine Homosexualität geredet und sehnte sich nahezu nach einem Gesprächspartner, der ihn verstand.

Kevin öffnete seine Augen wieder und sah direkt in die seines Gegenübers. Er musste seine Tränen zurückhalten. Die schönen Erinnerungen machten ihn traurig, weil sie ihn daran erinnerten, wie deprimierend seine aktuelle Situation war.

Tom merkte, wie es Kevin ging. Er rückte mit seinem Stuhl näher an den Blondschopf heran und legte ihm eine Hand auf den Rücken. Zärtlich streichelte er ihm darüber und sein Patient entspannte sichtlich unter der Berührung. Als Tom mit seiner Hand aus Versehen an seine verbrannte Schulter kam, zuckte Kevin zusammen.

„Tut mir leid... Ich höre besser auf", murmelte Tom und entfernte seine Hand.

„Nein, mach weiter", erwiderte Kevin. „Das war schön."

Tom fing an zu lächeln und streichelte ihm weiter sanft über den Rücken. Kevin schloss kurz die Augen und genoss es einfach. Es war nur eine kleine Geste der Nächstenliebe, doch sie gab ihm so viel Kraft.

„Im Ferienlager", sagte Kevin irgendwann.
„Was?"
„Im Ferienlager habe ich gemerkt, dass ich schwul bin."
Tom war überrascht, dass er ihm es jetzt doch erzählte. Er schwieg und wartete auf seine Erzählung.
„In den Sommerferien war ich in einem Zeltlager für Jugendliche", erzählte Kevin. „Dort habe ich einen Jungen kennengelernt, der auch schwul ist. Wir haben uns von Anfang an gut verstanden und eines Abends haben wir dann im Zelt geknutscht. Da wusste ich es."
Er grinste. „Eigentlich habe ich mich nie groß für Mädchen interessiert. Also, doch schon, aber nur als Freunde. Ich hatte nie Gefühle für irgendein Mädchen oder den Wunsch, eine zu küssen oder zu berühren. Ich habe immer gedacht, ich sei bloß spät dran."
Tom schmunzelte über diese kleine Geschichte, aber sein Lächeln wurde noch breiter, als er sah, wie Kevin lächelte. Seit er ihn kannte, sah er ihn nun zum ersten Mal so glücklich. Er streichelte weiter über seinen Rücken.
„Und wie hast du es den anderen erzählt?", fragte Tom weiter.
Ihm war klar, dass die Antwort auf die Frage nicht so fröhlich war, aber er wollte es nutzen, dass Kevin gerade so gesprächig war, um mehr über seine Geschichte zu erfahren. Als hätte er es geahnt, verging seinem Gesprächspartner direkt das Lächeln. Kevin räusperte sich.
„Als ich wieder zu Hause war, hat es mich fertiggemacht. Ich wusste nicht, wie ich damit

umgehen soll oder wie meine Familie darauf reagieren würde. Ich hatte Angst, nie einen Partner zu finden."
Er legte eine Pause ein und sah ins Leere. Tom kannte all diese Sorgen. Die meisten davon begleiteten ihn bis heute. Keiner konnte voraussehen, wie das eigene Umfeld mit solch einer Nachricht umgehen würde. Genauso konnte niemand einem sagen, ob man sich in jemanden verlieben würde, der die eigenen Gefühle erwiderte.
„Ich musste mit jemandem darüber reden und habe mich an Dennis gewandt. Wir haben uns zu dem Zeitpunkt so gut verstanden… Ich habe es ihm erzählt und gedacht, er würde mich verstehen. Den ganzen Abend habe ich mich bei ihm darüber ausgeheult, weil ich nicht schwul sein wollte", erzählte Kevin weiter. „Als ich am nächsten Tag in die Schule kam, wusste es schon die ganze Klasse und Patrick hat mich dafür verprügelt. Plötzlich… war ich ganz alleine."
Tom wurde schlecht. Es lag zum einen daran, dass er Mitgefühl mit dem armen Kevin hatte. Es nahm ihn aber auch besonders mit, weil er diese Angst sicher besser verstehen konnte als jeder andere, weil er sie teilte. Tom hatte noch nicht ernsthaft darüber nachgedacht, sich zu outen, was vor allem daran lag, dass er gewaltige Angst vor diesem entscheidenden Schritt hatte.
„Wünschst du dir das immer noch?", fragte Tom schweren Herzens. „Nicht schwul zu sein?"
Stille trat ein. Obwohl Tom die Frage gestellt hatte, dachten sie beide über die Antwort nach und das

machte sie traurig, weil sie es nicht ändern konnten, auch wenn sie es sich wünschten. Je länger Kevin darüber nachdachte, desto trauriger wurde er dabei. Ein leises Schluchzen entwich ihm als erstes und schon liefen die ersten Tränen seine Wange hinunter. Tom sah ihm stumm zu und streichelte ihm über den Rücken.

„Warum kann ich nicht einfach Mädchen lieben? Alles wäre so viel leichter", sagte Kevin schluchzend.

„Warum bin ich so? Warum ich?"

Er drückte seinen Kopf in seine Arme und schluchzte laut. Noch nie hatte er sich für einen anderen geöffnet. Noch nie hatte er so viel Schwäche vor jemand anderem gezeigt. Doch Tom gab ihm die Kraft, seine Gefühle zu zeigen. Er fühlte sich so wohl bei ihm, dass es okay war, zu weinen und seine Gedanken auszusprechen.

Was er dabei jedoch nicht wusste, war, dass Tom sich zusammenreißen musste, nicht auch zu weinen. Er konnte so gut nachvollziehen, was Kevin beschrieb. Da waren all diese Fragen, die ihm keiner beantworten konnte. Niemand konnte ihnen sagen, woher es kam. Es war einfach in ihnen drinnen und machte ihr Leben nur noch komplizierter. Alles könnte so viel leichter sein, wenn sie einfach in ein Mädchen verlieben würden.

*

Obwohl Kevin es prinzipiell gefallen hatte, mit Tom zu reden, ging er ihm in den nächsten Tagen aus dem

Weg. Er war unsicher, was er von seinem neuen Mitschüler halten sollte. Auf der einen Seite fühlte er sich wohl bei ihm, auf der anderen Seite jedoch hatte er Angst, erneut hintergangen und verletzt zu werden. Vor allem fürchtete er, Tom könnte Patrick von ihrem Gespräch erzählen. Dann würde er ihn wieder mit seinen Sorgen aufziehen und ihn in seinen Ängsten bekräftigen.

Tom fühlte sich nach dem Gespräch mit Kevin ebenfalls befreit. Er hatte endlich das Gefühl, nicht alleine mit seinen Problemen zu sein, obwohl er eigentlich schon gewusst hatte, dass er es nicht war. Trotzdem fühlte er sich auch ein bisschen schlecht, dass er es Kevin nicht gesagt hatte. Er würde sich wahrscheinlich auch besser fühlen, wenn Tom ihm beigestanden hätte. Ihm das vorzuenthalten, kam Tom einfach falsch vor, aber seine Angst, Kevin könnte ihn verraten, war zu groß.

Wenn Patrick erfuhr, dass Tom auch zu diesem „Abschaum" gehörte, konnte keiner abschätzen, wie er darauf reagierte. Am wahrscheinlichsten war es, dass er ihn genauso niedermachte wie Kevin, und das konnte er nicht zulassen. So verzweifelt wie Kevin war, würde er vielleicht diese Gelegenheit nutzen, um sein Leid zumindest zum Teil auf Tom abzuwenden. Dieses Risiko konnte er nicht eingehen. Er durfte keinem vertrauen, auch wenn er es gerne wollte.

Samstag fand Anastasias Party statt. Tom kaufte vorher in der Stadt noch schnell ein Geschenk und versuchte, möglichst ohne Erwartungen hinzugehen. In seiner alten Klasse hatte er die Partys immer gemocht. Er hatte sich mit allen gut verstanden und einfach nur beisammen zu sitzen und sich zu unterhalten, hatte ihm schon gereicht, um den Abend zu einem gelungenen zu machen.

Als seine Mutter ihn bei Anastasia absetzte und ihn bat, nicht so viel Alkohol zu trinken, waren alle anderen schon da. Neben Jonas und Anastasia waren auch ein paar Freundinnen von ihr da. Die meisten kamen aus ihrer Klasse, aber nicht alle. An Jungs waren auch noch Hendrik und Elyas da, die ebenfalls in ihrer Klasse waren, aber häufig eher unter sich blieben. Von Patrick, Dennis oder Sascha war keine Spur zu sehen. Auch Kevin war nicht da, was Tom aber auch nicht erwartet hatte.

An der Tür begrüßte ihn neben Anastasia auch Jonas.

„Cool, dass du kommen konntest", meinte Jonas und begrüßte ihn mit einem Handschlag.

„Danke für die Einladung", sagte Tom zu Anastasia und überreichte ihr sein Geschenk. „Alles Gute zum Geburtstag."

„Danke. Fühl dich wie zu Hause und sag einfach Bescheid, wenn du etwas brauchst."

Sie gingen ins Wohnzimmer und setzten sich zu den anderen, die sowohl auf den Sofas saßen als auch auf Kissen und Sitzsäcken auf dem Boden. Auf dem Tisch standen mehrere Schalen mit Chips und anderen Knabbereien. Zuerst redeten sie eine Weile über alle Neuigkeiten in ihrem Jahrgang und die Schule, Lehrer, … Tom hielt sich weitestgehend im Hintergrund, weil er sich noch nicht gut genug auskannte, um mitreden zu können. Zudem wollte er nicht so viel Aufmerksamkeit auf sich ziehen.

„Ich bin überrascht, dass du Patrick nicht eingeladen hast", äußerte Maja, ein Mädchen, das mit ihnen in eine Klasse ging.

Sie war ein kleines, blondes Mädchen mit runder Brille, das zwar gebildet, aber trotzdem einfach niedlich war.

Anastasia strich sich eine ihrer langen Haarsträhnen hinters Ohr, sah auf den Boden und schwieg.

„Will er denn immer noch etwas von dir?", fragte Alina.

„Patrick steht auf Anastasia?", fragte Tom dazwischen.

„Hat er zumindest früher mal", antwortete Jonas.

„Aber Anastasia hatte schon immer eine Schwäche für Kevin", sagte Maja und blinzelte grinsend.

Anastasia legte beschämt den Kopf in die Hände und lächelte.

„Das war einmal!", behauptete sie. Das Lächeln verging ihr langsam. „Jetzt wissen wir ja, dass er schwul ist…"

Tom setzte alle Informationen wie ein Puzzle zusammen und schlussfolgerte:

„Also, war Patrick ziemlich eifersüchtig auf Kevin, oder?"

„Schon, ein bisschen", meinte Alina. „Aber sie waren gute Freunde, also hat sie das weniger interessiert."

Jonas und Tom sahen sich an und dachten beide, dass diese Eifersucht bestimmt auch dazu beigetragen hatte, dass Patrick so eine Abneigung gegenüber Kevin entwickelt hatte. Womöglich war es nicht der Auslöser, aber es hatte ihn sicherlich bestärkt.

4.

Der Abend neigte sich dem Ende und mehr und mehr Gäste gingen nach Hause. Jonas hatte Tom im Laufe des Abends vermittelt, er solle mit ihm noch etwas länger bleiben. Unter sechs Augen war es einfach immer noch am schönsten. Als dann der letzte Gast gegangen war, blieben nur noch Jonas, Anastasia und Tom, die gerade ein paar leere Schalen in die Küche brachten.

„Endlich können wir ungestört reden", sagte Jonas und seufzte entspannt.

„Wie meinst du das?", fragte Tom verwirrt.

Anastasia und Jonas sahen sich kurz an.

„Wir sind beide… na ja, eher auf Kevins Seite, was aber die anderen nicht wissen dürfen", erzählte sie.

„Warum denn nicht?", fragte Tom. „Wenn wir uns alle zusammentun würden, hätte Patrick doch gar keine Chance. Als Gruppe sind wir viel stärker."

Jonas setzte sich auf einen Stuhl und stützte sein Kinn mit seinen Händen. Anastasia räumte in der Zwischenzeit das Geschirr in die Maschine.

„Viele wollen sich da gar nicht einmischen", sagte Jonas. „Sie wollen keinen Stress. Ich übrigens auch nicht."

„Und ich für meinen Teil habe wirklich Angst vor Patrick. Dem würde ich momentan alles zutrauen", sagte Anastasia.

Tom setzte sich seufzend zu Jonas und überlegte. Es gefiel ihm nicht, dass er Kevin nicht helfen konnte. Sein schlechtes Gewissen belastete ihn immer noch.

„Ich glaube nicht, dass Patrick so viel machen würde, aber das Schweigen seiner Mitschüler bestätigt ihn doch nur", erklärte Tom.
„Ehrlich gesagt, bin ich zu feige und zu faul, um mir da Gedanken drüber zu machen", erwiderte Jonas.
„Und ich helfe ihm schon, wo ich kann", sagte Anastasia und setzte sich zu ihnen.
Tom drehte sich zu ihr und runzelte die Stirn.
„Inwiefern hilfst du ihm denn?"
„In der Schule." Sie machte eine Pause und seufzte.
„Ich weiß, das hilft ihm auch nicht gegen die Gewalt und so, aber… wenn er immer eine Viertelstunde früher seine Sachen packt, kann er nicht alles mitschreiben und so. Deswegen schicke ich ihm immer die Hausaufgaben und meine Aufzeichnungen. Wir schreiben auch manchmal ein bisschen, aber er meint, die Nähe zu ihm sei nicht gut für mich, deswegen schreiben wir in letzter Zeit kaum noch."
Während sie erzählte, hatte sie ihren Kopf auf dem Tisch abgelegt und Tom die ganze Zeit über angesehen. Als sie fertig war, ging ihm ein Licht auf.
„Du bist das…", murmelte er.
„Was bin ich?", fragte Anastasia und setzte sich wieder auf.
„Du bist die Person, die Patrick meinte."
Jetzt lehnte sich auch Jonas interessiert nach vorne.
„Was meinst du?"
Tom seufzte und fing an zu erzählen:
„Patrick hat erzählt, dass es eine Person gibt, die Kevin heimlich hilft und unterstützt und so. Er war ziemlich wütend darüber und wollte unbedingt wissen, wer das

ist. Ich habe erst gedacht, er würde mich meinen, aber jetzt weiß ich ja, dass du es bist."
Anastasia sah ihn ungläubig an.
„Aber woher…?"
Sie brach ab und sah zu Jonas. Auch Toms Blick ging zu ihm.
„Was?"
„Du hast es Patrick gesteckt!", warf Anastasia ihm vor.
„Nein, habe ich nicht!"
Sie schwieg.
„Habe ich wirklich nicht", wiederholte Jonas. „Wenn ich Patrick helfen wollte, hätte ich ihm doch als erstes gesagt, dass Tom ihn belügt!"
„Das stimmt", sagte Tom. „Das hätte er bestimmt gesagt."
„Aber außer dir weiß keiner davon!", beteuerte Anastasia.
Sie legte einen Finger an die Lippen und überlegte noch einmal, aber sie war sich sicher, vor keinem bisher etwas gesagt zu haben.
„Was ist mit den Chats auf deinem Handy?", fragte Jonas.
„Oh mein Gott!", sagte Anastasia und stieß geschockt die Luft aus. „Ich habe mein Handy vor kurzem den Mädchen gegeben, weil Maja aus dem Klassenchat ein paar alte Fotos brauchte und den Verlauf bei sich schon gelöscht hatte."
„Meinst du, Maja hat deine Chats durchgeguckt?", fragte Tom.
„Nein, bestimmt nicht, aber jede hatte die Möglichkeit sich meine Chats durchzulesen. Vielleicht hat eine

einfach zufällig gesehen, dass ich mit Kevin geschrieben habe, und es dann weitererzählt."
„Aber wer würde das denn Patrick petzen?", fragte Tom.
„Er hat gar nicht so wenige Unterstützer wie du vielleicht denkst", meinte Jonas. „Da gibt es ein paar, die ohnehin sehr konservativ erzogen sind und ein paar hat er auch mit seiner Propaganda gegen Kevin aufgehetzt. Die denken wirklich, dass er ausgeschlossen gehört."
„Deswegen sagen wir auch keinem, was wir denken", ergänzte Anastasia.
„Aber werdet ihr damit nicht auch zum Täter? Ist nichts zu tun nicht genauso schlimm, wie mitzumachen?", fragte Tom.
„Ich habe keine Lust, jetzt mit dir über moralische Werte zu diskutieren", meinte Anastasia und machte eine abschweifende Handbewegung.
„Weil du Angst hast, du könntest Unrecht haben?"
„Hey, Anastasia, hast du nicht noch alte Videos von unserer Klasse?", fragte Jonas, damit sie nicht zu streiten begannen. Sie ging dankbar darauf ein.
„Ja, die sind auf meinem Laptop. Kannst du ihn vielleicht herunterholen? Er liegt in meinem Zimmer", fragte Anastasia.
Jonas stand auf und verließ die Küche. Es kehrte einen Moment Ruhe ein. Tom sah nachdenklich auf seine Finger, bis er bemerkte, wie Anastasia ihn von der Seite musterte. Sie hatte ein zartes Lächeln auf den Lippen.
„Ist etwas?", fragte er.

Sie überlegte erst einen Moment, bevor sie antwortete.
„Darf ich dir eine Frage stellen?"
Tom dachte sich nichts dabei und antwortete flockig:
„Natürlich."
„Bist du schwul?"
Stille. Er hatte das Gefühl, dass ihm sämtliche Farbe aus dem Gesicht wich und er bleich wie eine Leiche wurde.
„Wie kommst du darauf?"
Sie zuckte lächelnd mit den Schultern.
„Weißt du noch, wie ich dich vor kurzem gefragt habe, ob du mit mir ausgehen möchtest?"
Er nickte.
„Im Frühjahr habe ich Kevin das auch gefragt. Jetzt weiß ich ja, dass er schwul ist. Irgendetwas an deiner Reaktion, in deinen Augen hat mich an ihn erinnert. Du hattest den gleichen Blick wie er." Wieder zuckte sie mit den Schultern. „Intuition vielleicht."
„Ich bin aber nicht schwul", entgegnete Tom.
Er wusste selbst nicht genau, warum er sie anlog. Eigentlich wusste er, dass Anastasia nichts dagegen hatte. Trotzdem war er einfach noch nicht bereit, es vor anderen Leuten zuzugeben. Außerdem wusste keiner, ob sie sich nicht irgendwann verplapperte und es doch ans Licht kam.
„Okay, dann halt nicht", sagte Anastasia gleichgültig.
„Ich bin wirklich nicht schwul!"
„Ja!", meinte sie lachend. „War doch nur eine Frage…"
Jonas kam wieder in die Küche mit Anastasias Laptop unterm Arm.

„Wollen wir lieber ins Wohnzimmer gehen?", fragte sie.
Die Jungs fanden die Idee gut und so standen sie auf und ging ins Wohnzimmer hinüber.
„Kevin hat ganz schön Probleme wegen dir bekommen", erwähnte Tom.
Anastasia sah ihn geschockt an.
„Wie meinst du das?"
„Patrick hat ihn gefragt, zu wem er heimlich noch Kontakt hat, und als er es nicht sagen wollte, hat er ihm heißen Kaffee über die Schulter gekippt", erzählte Tom.
„Wie, er hat nichts gesagt?", fragte Jonas.
„Nein."
„Er hat mich nicht verraten?", wiederholte Anastasia.
„Er hat die ganzen Schmerzen auf sich genommen, um mich zu beschützen?"
„Sieht so aus", meinte Tom.
Sie seufzte.
„Ich würde so gerne etwas für ihn tun, aber ich habe Angst."
„Was würdest du denn gerne tun?", fragte Tom.
„Vielleicht kann ich etwas übermitteln."
Anastasia überlegte und fing dann an zu lächeln.
„Ich würde ihn gerne in den Arm nehmen und ihm sagen, dass ich ihn lieb habe. Auf eine freundschaftliche Art und Weise", sagte sie.
Tom lachte leicht.
„Dann pass aber bitte auf, dass Patrick dich nicht erwischt", sagte Jonas. „Dem würde das bestimmt nicht so gefallen."

„Mache ich. Wolltet ihr mir nicht ein Video zeigen?"
Er deutete auf den Laptop. Anastasia machte sich ans Werk, fuhr ihn hoch und meldete sich an. Sie suchte eine Weile nach einem bestimmten Ordner, in dem die Videoclips von ihrer vorletzten Jahresabschlussfeier waren. Kurz vor den Sommerferien letztes Jahr hatte sich die Klasse bei Erik im Garten getroffen, gegrillt und Spaß gehabt.
Sie startete das erste Video, in dem man zuerst Kevin in Großaufnahme sah, wie er in die Kamera strahlte. „Pscht!", sagte er und legte lachend einen Finger an die Lippen. „Ich habe Patrick Essig in sein Getränk gemischt. Schauen wir doch mal, wie er gleich reagiert, wenn er etwas trinkt."
Die Kamera machte einen Schwenker zu ein paar anderen Schülern, die auf der Terrasse an einem Tisch standen, auf dem Teller, Snacks und Getränke standen. Darunter waren auch Patrick, Dennis und Jonas. Sascha drehte gerade das Video. Nach einigen Sekunden griff Patrick zu seinem Becher, trank einen Schluck daraus und spuckte die Flüssigkeit direkt auf den Boden. Kevins herzliches Lachen war bestimmt die ganze Straße hinunter zu hören. Er wirkte so ausgelassen und entspannt, es erwärmte Toms Herz beim Zusehen.
„Kevin!", rief Patrick verärgert. „Wo ist die Wasserpistole?" Er lief die Terrasse hinunter und schnappte sich von einem Stuhl eine grüne Plastikpistole. „Komm her!"
Kevin lief vor Patrick weg, der ihn im Laufen mit Wasser bespritzte. Der Kameramann lief hinterher. Als

Kevin in einer Sackgasse angelangt war, richtete Patrick lachend die Waffe auf ihn.

„Warte!", sagte Kevin und konnte vor Lachen kaum reden. „Ich hase gesehen, dass Sascha..." Er japste nach Luft.

„Ich hase gesehen? Lern erst mal reden!"

„Kevin!", war eine Stimme von der Seite zu hören. Eine Person, vermutlich Dennis, warf ihm eine Wasserpistole zu, mit der Kevin nun Patrick ordentlich nass machte. Dieser wehrte sich natürlich und als nun auch noch die anderen mit Wasserbomben dazukamen, machte der Kameramann vorsichtshalber aus.

Anastasia schaltete das Video ab und öffnete ein anderes. Es war vermutlich vom selben Tag, da sie die gleichen Klamotten anhatten. In diesem Clip saßen sich Kevin und Patrick auf zwei Stühlen gegenüber und sahen sich an. Dennis saß hinter ihnen und blickte in die Kamera.

„Wir spielen jetzt ein kleines Spiel. Es ist eine Nicht-lachen-Challenge. Patrick gegen Kevin. Zu gewinnen gibt es Ruhm und Ehre, während der Verlierer ausgepeitscht wird", sagte Dennis spaßeshalber.

„Na, jetzt willst du doch verlieren, oder, Kevin?", fragte Patrick.

„Oh, ja, gerne, aber ich muss mich echt anstrengen, um schlechter zu sein als du!"

Beide nahmen Wasser in den Mund und setzen sich nahe aneinander, so dass sie beim Lachen dem anderen ins Gesicht spucken würden. Um sie zum Lachen zu bringen, las Dennis Flachwitze vor.

Es zeigte sich schnell, dass Kevin deutlich mehr Selbstbeherrschung hatte als Patrick. Dazu war er noch der deutlich fairere Spieler. Wenn Patrick lachte, spuckte er Kevin ins Gesicht, was dieser jedoch mit Humor nahm. Wenn Kevin hingegen spürte, dass er lachen musste, spuckte er es höflich auf den Boden. Am Ende des Videos war er klitschnass, hatte aber mit 10:3 deutlich gewonnen.

„Kevin, der ewige Champion!", grölte Sascha.

„Ja, du bist der Beste", meinte Patrick, legte einen Arm um Kevin und wuschelte ihm durch die blonden Haare.

Kevin selbst lächelte nur bescheiden und sah auf den Boden.

Das Video endete und Anastasia schloss ihren Ordner. Sie, Jonas und Tom saßen nebeneinander auf dem Sofa und schwiegen. Tom sah diese Bilder zum ersten Mal und ließ sie erst einmal sacken. Doch auch Anastasia und Jonas waren ziemlich aufgewühlt.

„Krass", sagte Tom. „Die waren ja echt…"

„… ein Herz und eine Seele", ergänzte Anastasia. „Sie haben sich den ganzen Tag über blöde Sprüche an den Kopf geworfen und sich geneckt bis zum geht nicht mehr."

„Sie waren echt gute Freunde", sagte Jonas.

„Manchmal vergesse ich selbst, wie es damals war. Es kommt mir so irreal vor… fast wie ein Traum… Wenn ich mir ansehe, wie das jetzt ist… Einfach unfassbar."

„Da hast du Recht", meinte Tom. „Wenn ich es nicht selbst gesehen hätte, hätte ich es mir nie so vorgestellt."

*

Der nächste Montag war für Kevin nicht so schlimm wie die letzten Montage. Natürlich begleitete ihn wie immer die Angst und es belastete ihn, dass es noch fünf Tage bis zum Wochenende waren. Doch an diesem Tag war da noch etwas anderes. Er freute sich, Tom wiederzusehen. Kevin rechnete nicht damit, dass sie eine Gelegenheit finden würden, miteinander zu reden, aber es heiterte ihn schon auf, ihn in seiner Nähe zu haben. Dieses Gefühl konnte er überhaupt nicht einordnen. Vermutlich war es einfach nur Neugier darüber, wie sich ihre Freundschaft entwickeln würde. Vorausgesetzt, sie würden sich überhaupt anfreunden…

Morgens kam er pünktlich zum Unterricht und wurde glücklicherweise von Patrick ignoriert. Na ja, einen bösen Blick warf er ihm schon zu, aber nachdem Kevin einfach den Blick senkte und sich unterwarf, wurde er in Ruhe gelassen. Tom saß schon auf seinem Platz und Kevin spürte, wie er immer ruhiger wurde mit jedem Schritt, den er auf ihn zuging. Er entspannte sich auf seinem Sitzplatz. Das hatte er lange nicht gespürt.

„Schön, dich zu sehen", sagte Tom ihm leise.

Leichte Röte schoss Kevin ins Gesicht. Wann hatte ihm das letzte Mal jemand gesagt, dass er sich über seine Anwesenheit freute? Plötzlich fühlte er sich willkommen und erwünscht.

„Ich werde heute mit Patrick reden", fuhr Tom fort. Während er sprach, sah er Kevin nicht an, damit es nicht so offensichtlich war, dass sie miteinander

redeten. „Ich möchte mich von ihm entfernen. Wünsch mir Glück!"
Er sah schmunzelnd zu Kevin, der ihn nur stumm ansah. Am liebsten hätte er sich bei Tom bedankt für all die Unterstützung, die er ihm entgegenbrachte. Keiner hatte ihm in der letzten Zeit solche netten Dinge gesagt oder ihm zugehört, wenn er von seinen Problemen redete. Er wollte ihm so vieles sagen, aber Kevin fehlten die Worte, was Tom aber nicht besonders störte. Er wusste, dass Kevin während der Schulzeit immer in einem mentalen Tunnel war, aus dem er nicht so leicht herauskam.

*

In der großen Pause ging Tom auf Patrick zu. Er wusste nicht genau, was er sich von dem Gespräch erhoffte. Vielleicht würde ihm danach etwas einfallen, das Kevin weiterhalf. Womöglich konnte er dann Patrick besser verstehen und vermitteln oder anderweitig einschreiten. Oder aber er konnte sich einfach von der Terrortruppe distanzieren und musste nicht länger zusehen, wie sie einen unschuldigen Jungen malträtierten. Letzteres war dabei deutlich wahrscheinlicher.
„Hey, Patrick, wollen wir zum Kiosk?", fragte Tom schnell, als die Pause begann.
Kevin, der ganz in Gedanken versunken vergessen hatte, seine Sachen früher zu packen, bekam es mit und stellte überrascht fest, dass Tom ihn wohl tatsächlich vor seinen Peinigern schützen wollte. Wenn

er Patrick die Pause über ablenkte, konnte er ihn nicht demütigen oder ihm wehtun.

„Klar, gehen wir. Ich will nur meine Sachen abstellen", antwortete Patrick.

Sie gingen zusammen zum neuen Raum, in dem sie jetzt Unterricht hatten. Überrascht stellte Tom fest, dass Kevin sich nicht wie üblich versteckte, sondern vor dem Raum blieb. Er wiegte sich offenbar in Sicherheit. Tom zog Patrick lieber schnell weg.

„Freut mich, dass du mitkommst. Ich habe schon gedacht, du würdest wieder Kevin ärgern", sagte er vorsichtig.

Patrick schüttelte den Kopf.

„Nein, ich bin nicht in Stimmung dafür."

Das erleichterte Tom, obwohl ihm klar war, dass Kevin den Tag ohnehin nicht genießen konnte. Er wusste nie, wann es ihn das nächste Mal traf, deswegen war er immer in Angst.

„Obwohl er es natürlich verdient hat", fügte Patrick hinzu.

„Weil er schwul ist?"

Patrick blieb stehen und sah ihn fassungslos an.

„War das gerade eine Frage?"

„Nein, eine Ergänzung", behauptete Tom und versuchte, möglichst glaubwürdig zu wirken. Er beschloss, lieber schnell das Thema zu wechseln. „Ich finde es nur interessant, immerhin wart ihr mal befreundet."

Patrick sah ihn teils überrascht teils wütend an. Er redete nicht gerne über die Vergangenheit.

„Woher weißt du das?"

Tom zuckte mit den Schultern.
„Das hört man halt so."
„Wer hat dir das gesagt?"
„Keine Ahnung", log er. „Mehrere haben das erwähnt."
„Haben sie sonst noch etwas dazu gesagt?", fragte Patrick.
„Nein, nichts weiter."
Er hoffte wirklich, dass Patrick ihm glaubte. Wenn er herausfand, dass Jonas und Anastasia schlecht über ihn gesprochen hatten, würde das für alle böse Konsequenzen haben. Am meisten wohl für Kevin.
„Also, stimmt es?", fragte Tom.
Patrick seufzte und versuchte, seine Wut zu unterdrücken.
„Ja, schlimm oder? Wie konnte ich mit solchem Dreck meine Zeit verschwenden?"
Tom sagte nichts dazu. Sie kamen am Kiosk an und er kaufte sich eine Brezel. Patrick wartete währenddessen auf ihn. Als Tom zurückkam, gingen sie zurück zu ihrem Raum.
„Und seine Homosexualität ist der Grund, warum du so zu ihm bist?", fragte er.
Patrick klatschte einmal in die Hände.
„Ja, verdammt! Was sonst?", fragte er wütend.
Tom blieb ganz entspannt.
„Ich habe schon das Gefühl, dass es dir Spaß macht, ihm Schmerzen zuzufügen", antwortete er.
„Ach, das meinst du…"
„Kann es sein, dass du ein kleiner Sadist bist?", fragte Tom und lächelte, dabei war es ihm vollkommen ernst.

Auch Patrick fing an zu lachen, überlegte jedoch.
„Wenn du das in sexueller Hinsicht meinst, also, dass ich Lust dabei verspüre, muss ich dir widersprechen…"
„So war das auch nicht gemeint", warf Tom ein.
„… aber ich kann nicht abstreiten, dass es mich in gewisser Weise erfüllt und… glücklich macht, ihn leiden zu lassen."
Tom schluckte bei diesem finsteren Grinsen.
„Ist das nicht einfach geil? Ich meine, guck ihn dir doch mal an! Er wehrt sich nicht einmal mehr! Wir können alles mit ihm machen, was wir wollen. Er unterwirft sich uns komplett! Ist das nicht der Hammer?"
„Ist es das, was dich reizt? Die Macht?", fragte Tom.
„Dich nicht?"
„Doch, doch", log er.
„Es ist doch einfach der Hammer! Er hält alles aus, was wir mit ihm tun, er hört auf das, was wir sagen, und gibt nicht einmal mehr Widerworte!"
„Weil er weiß, dass es nichts bringt."
„Genau! Wir haben unseren eigenen, kleinen Sklaven und das genieße ich. Du solltest das auch tun."
„Tue ich doch", behauptete Tom.
Patrick sah auf den Boden und grübelte.
„Ich habe den Eindruck, dass du nicht ganz ehrlich zu mir bist", sagte er.
„Habe ich dir je einen Grund gegeben, an mir zu zweifeln?"
„Hast du mir je einen Grund gegeben, dir zu vertrauen?"

Tom schwieg. Er hatte nicht damit gerechnet, dass Patrick merkte, dass er ihm nicht treu war, und wusste nicht, wie er aus dieser kniffligen Situation wieder herauskommen sollte.

„Was soll ich denn tun, damit du mir glaubst?", fragte er offen.

Patrick legte eine Hand ans Kinn und schüttelte den Kopf.

„Weiß ich noch nicht… aber mir fällt bestimmt noch etwas ein."

Na toll. Jetzt sollte er ihm auch noch einen Vertrauensbeweis überbringen. Wie sollte er das tun, ohne Kevin untreu zu werden?

Die beiden kamen endlich wieder an ihrem Raum an. Tom war erleichtert, weil er dieses unangenehme Gespräch jetzt beenden konnte. Er realisierte, dass es nicht so einfach war, sich von Patrick zu distanzieren, weil er schon zu tief drinnen steckte. Wie sollte er logisch begründen, warum er jetzt plötzlich doch kein Interesse mehr daran hatte, Kevin fertigzumachen? Er bereute zutiefst, so lange mitgemacht zu haben.

Vor ihrem Raum war immer noch Kevin. Er hatte sich hingesetzt und hielt etwas in den Händen, das er nachdenklich betrachtete. Natürlich freute Tom sich, dass sein Freund sich so sicher fühlte, aber Patrick witterte schon die nächste Gelegenheit, ihm zu schaden.

„Was haben wir denn da? Ein Foto von dir und deinem Schwuchtelfreund?", fragte er.

Kevin steckte es schnell in seine Hosentasche.

„Das ist nichts", sagte er kleinlaut.

Patrick jedoch hatte es gesehen und lachte.
„Aufstehen!", forderte er.
Kevin reagierte nicht. Sie waren in einem Flur, in dem es nur so von Schülern und Lehrern wimmelte. Hier konnte Patrick ihm nichts tun, ohne dass es dutzende Zeugen sahen.
„Scheiß drauf!", meinte er und wollte Kevin am Arm packen, aber Tom hielt ihn zurück.
„Lass das jetzt!", forderte er.
Patrick sah ihn geschockt an.
„Was soll das?"
„Nicht jetzt und hier! Das ist viel zu auffällig", meinte Tom.
Sie gingen ein paar Schritte von Kevin weg, der das Foto nun in einem speziellen Fach in seinem Rucksack verstaute. Patrick sah Tom seufzend an.
„Du hast Recht. Danke. Manchmal geht es mit mir durch. Ich will einfach unbedingt dieses Foto haben", erklärte er.
„Was war das denn für ein Foto? Ich habe es gar nicht gesehen."
Patrick grinste ihn an.
„Darauf war Kevin mit seinem Schwuchtelfreund zu sehen. Er hat ihn auf die Wange geküsst."
Tom schluckte. Dann war es bestimmt wichtig für Kevin und konnte ihn zugleich ziemlich belasten. Wenn das in Patricks Hände geriet, konnte er alles damit anstellen.
„Wir müssen es ihm heute noch abnehmen, ansonsten wird er es zu Hause irgendwo verstecken. Ich meine,

ich weiß, wo er wohnt, aber…" Er stoppte, als er eine Idee hatte. „Du kannst es mir besorgen."
„Ich? Wieso?"
„So kannst du mir deine Treue beweisen. Wenn du mir dieses Foto holst, werde ich dir auf ewig Vertrauen schenken!"
„Und wenn nicht?"
Patrick kniff die Augen leicht zusammen.
„Warum solltest du es nicht tun? Wenn du auf meiner Seite stehst, sollte das kein Problem sein!"
„Ich meine, was, wenn ich es nicht schaffe?", korrigierte Tom sich.
„Sieh doch einfach besser zu, dass du es schaffst", sagte Patrick grinsend.
Es klingelte. Er klopfte Tom auf die Schulter und ging zu seiner Tasche, um etwas zu trinken. Na toll. Wie sollte Tom aus der Nummer wieder rauskommen? Er konnte Kevin nicht hintergehen, aber Patrick würde bestimmt Verdacht schöpfen, wenn er es nicht tat. Tom hatte nicht viel Zeit, um sich etwas zu überlegen.

*

Den ganzen Tag über wurde Kevin in Ruhe gelassen. Patrick beobachtete meistens Tom, der versprach, irgendwie an das Foto zu kommen. Tatsächlich wollte er es natürlich nicht klauen, aber er hoffte, wenn er guten Willen zeigte, würde Patrick ihm verzeihen, wenn er es nicht hinbekam. Doch auch das war nur eine Hoffnung. Er hoffte, dass Patrick nicht zu wütend wurde.

Nach der letzten Stunde verschwand Kevin wie immer. Er hatte den ganzen Tag noch nichts abbekommen, deshalb rechnete er fest damit, dass sie ihn auf dem Weg nach Hause abfangen würden. Tatsächlich hörte er, sobald er das Schulgebäude verlassen hatte, eine Stimme, die seinen Namen rief. Sofort beschleunigte er aus Angst seine Schritte. Es half nichts, die Person holte ihn ein und legte ihm eine Hand auf die Schulter.
„Alles gut, ich bin es nur", sagte Tom und ging neben ihm her.
„Mach mir doch nicht solche Angst!", erwiderte Kevin und lächelte leicht. Er wurde wieder ernst und sah sich um. „Du solltest nicht in meiner Nähe sein. Das ist gefährlich, wie du weißt."
„Ist mir egal. Soll Patrick mich doch bei dir sehen", sagte Tom. Wenn er ihm das Foto nicht brachte, würde Patrick ihn sowieso hassen. Vielleicht hatte er Glück und wurde nur ignoriert. Man würde es sehen.
Kevin und Tom entfernten sich weiter von der Schule. Der Blondschopf holte währenddessen das Foto aus der Hosentasche.
„Ich bin so froh, dass Patrick es nicht hat… Ich hätte es eigentlich gar nicht mitbringen dürfen."
Tom sah es sich über Kevins Schulter an. Patrick hatte nicht gelogen. Man sah darauf den Blondschopf und einen weiteren Jungen, der ersterem gerade einen Kuss auf die Wange drückte.
„Ist er das? Der Junge, den du im Ferienlager kennengelernt hast?"
Kevin nickte lächelnd.

„Das ist das einzige Foto, das ich von uns habe. Wenn Patrick das bekommen hätte, hätte er bestimmt die ganze Schule damit tapeziert. Dann würden alle sehen, was ich wirklich bin…"
„Patrick hat mich gebeten, es dir abzunehmen", erzählte Tom.
Kevin sah ihn geschockt an.
„Warum sagst du mir das?"
„Ich wollte nur, dass du siehst, dass du mir vertrauen kannst. Ich werde dir das Foto nicht klauen oder so. Soll Patrick doch machen, was er will!"
„Aber dann wird er wütend auf dich sein… Das ist nicht schön, das kann ich dir sagen", meinte Kevin.
Tom lächelte.
„Ich werde dich nicht hintergehen, Kevin. Mach dir mal um mich keine Sorgen! Du hast genug eigene Probleme."
Kevin fand es nicht gut, dass andere jetzt seinetwegen in Schwierigkeiten gerieten. Schlimm genug, dass Patrick kurz davor war, herauszufinden, dass Anastasia ihm heimlich in der Schule half.
„Übrigens habe ich mit Anastasia geredet", erwähnte Tom.
Kevin drehte den Kopf und sah ihn überrascht an.
„Du… weißt davon?"
„Ja, ich weiß, dass sie deine heimliche Unterstützerin ist."
„Und du hast es Patrick nicht gesagt?"
Kevins schlechtes Gewissen wurde noch größer.
„Nein, natürlich nicht!" Tom lächelte und blieb stehen.
„Sie hat gesagt, ich soll dir etwas ausrichten."

„Was denn?"
Kevin blieb auch stehen. Tom stellte seinen Rucksack ab und deutete ihm an, das Gleiche zu tun, was er auch etwas verwirrt tat. Daraufhin zog Tom ihn in eine Umarmung. Kevin blieb vor Überraschung steif stehen, doch dann atmete er entspannt aus, legte seine Arme um ihn und drückte ihn fest an sich. Er schloss die Augen und spürte nur sein klopfendes Herz und Toms Hände, die ihm über den Rücken streichelten. Als sie sich wieder lösten, waren beide etwas durch den Wind. Kevin fuhr sich durch seine blonden Haare und Tom griff nach seinem Ranzen und räusperte sich.

„Anastasia hat gesagt, ich soll dich in den Arm nehmen und dir sagen, dass sie dich, auf freundschaftliche Weise, lieb hat", erklärte er.
Kevin nickte nur und nahm seine Tasche. Sie liefen weiter von der Schule weg, da stoppte Tom, weil ihm auffiel, dass er in eine ganz andere Richtung musste. In dem Gespräch versunken war er einfach mit Kevin mitgelaufen, dabei mussten sich ihre Wege leider trennen.
„Ich muss in die andere Richtung", erklärte Tom traurig.
Er wollte sich noch nicht von Kevin verabschieden. Es war gerade so schön zwischen ihnen, das wollte er jetzt nicht beenden. Kevin sah das ähnlich. Zögernd sagte er:
„Oder du kommst mit zu mir…"
Tom fand die Idee prinzipiell gut, aber er musste vorher mit seiner Mutter reden, da diese mit dem Mittagessen wartete. Er zückte sein Handy und rief sie

an. Während es klingelte, hob er die Hand, um Kevin zu zeigen, er solle kurz warten.

„Tom, was ist los?", fragte seine Mutter, als sie den Anruf angenommen hatte.

„Ich wollte fragen, ob ich mit zu einem Freund gehen darf."

„Jetzt?"

„Ja."

„Und was ist mit dem Essen?"

„Könnt ihr etwas für mich aufheben? Ich esse dann später."

„Ich weiß nicht, Tom…"

„Bitte!", sagte er. „Es wäre mir sehr wichtig."

„Na gut, aber bitte bleib nicht zu lange!"

„Danke, du bist die Beste!"

Sie verabschiedeten sich und Tom grinste Kevin an.

„Ich darf mitkommen!", verkündete er.

„Super", antwortete Kevin und lächelte leicht.

Es war keine riesige Freude, die er empfand, sondern eine tiefe Entspannung. Er fühlte sich wohl bei Tom und freute sich, dass er ihn noch ein wenig bei sich hatte.

„Wollen wir uns Pizza bestellen?", fragte Kevin und holte schon sein Handy heraus.

„Ich habe ehrlich gesagt kein Geld dabei", antwortete Tom.

„Macht nichts, ich lege es einfach für dich aus."

„Dann gerne! Danke, Kevin."

5.

Zehn Minuten später waren sie schon bei Kevin zu Hause angekommen, weil er ganz in der Nähe der Schule wohnte. Er wohnte in einem mittelgroßen Haus mit kleinem Garten. Als er die Tür aufschloss und sie eintraten, herrschte Stille. Tom wusste nicht, womit er gerechnet hatte, aber er hatte es sich anders vorgestellt. Heimischer und nicht so einsam.
„Bist du immer alleine hier?", fragte er.
Kevin ging voran ins Wohnzimmer und stellte seine Tasche neben einem Sofa ab.
„Ja, nachmittags schon."
Tom stellte seinen Rucksack ebenfalls ab und setzte sich mit Kevin zusammen aufs Sofa.
„Schön habt ihr es hier", sagte er.
„Danke."
Stille trat ein. Beiden war die Nähe zum anderen ein wenig unangenehm und es fehlte ihnen an Themen zum Reden. Eine Sache gab es jedoch noch, die Tom auf dem Herzen lag.
„Wissen deine Eltern es eigentlich?"
Kevin sah ihn einen Moment ausdruckslos an.
„Was meinst du?", fragte er.
„Dass du schwul bist?"
Kevin fing laut an zu lachen.
„Nein! Auf keinen Fall!"
„Und dass du gemobbt wirst?"
„Auch nicht!"
Tom legte den Kopf schräg und sah ihn verwundert an.

„Sie kriegen das wirklich nicht mit? Aber du hast dich doch dadurch verändert! Außerdem sieht man das doch an deinen Verletzungen!"
Kevin zuckte mit den Schultern.
„Sie kriegen das meistens gar nicht mit und wenn doch, erfinde ich halt eine Ausrede, dass ich gestürzt bin oder so…"
„Wie meinst du das? Sie kriegen das nicht mit?"
Traurig sah Kevin Richtung Boden.
„Sie arbeiten sehr viel. Meine Mutter hat ein eigenes Café und arbeitet fast den ganzen Tag darin. Mein Vater arbeitet theoretisch nur im Büro, hilft meiner Mutter aber auch sehr viel und ich… Ja, ich sitze dann hier zu Hause", erzählte er.
Er rang sich ein Lächeln ab, aber Tom sah ihm an, wie traurig es ihn machte, so auf sich alleine gestellt zu sein. In der Schule hatte er keinen, mit dem er über seine Probleme reden konnte und zu Hause erst recht nicht. Kevin musste sehr einsam sein.
„Warum sagst du es ihnen nicht? Meinst du nicht, dass sie dir helfen würden?", fragte Tom.
Kevin seufzte traurig.
„Wenn ich ihnen erzählen würde, dass ich gemobbt werde, würden sie nach dem Grund fragen… und dann müsste ich ihnen erzählen, dass ich schwul bin."
„Wäre das so schlimm?"
Tom wusste, wie schlimm das war. Er hatte selbst noch keinem davon erzählt und fürchtete sich tierisch vor der Reaktion seiner Eltern. Dass er Kevin danach fragte, hatte eigentlich nur den Hintergrund, dass er

hoffte, mit jemandem seine Sorgen teilen zu können. Zumindest durch die Blume. Kevin freute sich prinzipiell auch, dass er offen mit jemandem reden konnte, aber das Thema belastete ihn, sodass ihm beim Gedanken an das Gespräch mit seinen Eltern schon die Tränen in die Augen stiegen.
„Ich weiß es nicht", sagte er. „Ich meine… sie sind tolerante Menschen und hatten nie etwas gegen Homosexuelle, aber ich glaube, wenn es dann das eigene… das einzige… Kind ist, dann könnte das etwas anderes sein."
Tom sah an die Decke und dachte über seine eigenen Eltern nach.
„Ich glaube, dass es im ersten Moment immer ein Schock sein wird. Das ist anfangs bestimmt schwierig. Vielleicht können sie sich irgendwann an den Gedanken gewöhnen, vielleicht auch nicht…", sagte er nachdenklich.
Kevin schüttelte den Kopf.
„Ich kann es ihnen nicht sagen. Noch nicht. Ich bin noch nicht bereit dafür."
„Das ist doch nicht schlimm. Warte einfach ab, bis du soweit bist", meinte Tom.
Sein Gegenüber nickte. Einfach abwarten. Irgendwann würde sich der richtige Moment ergeben.
„Weißt du, wovor ich am meisten Angst habe?", fragte Kevin.
Tom sah ihn fragend an.
„Dass sie es nicht ernst nehmen. Ich habe mir so oft vorgestellt, wie dieses Gespräch verlaufen wird. Manchmal habe ich überlegt, was, wenn… sie glauben,

dass das nur eine Phase ist? Dass das irgendwann wieder vorübergeht?" Er schüttelte den Kopf. „Das wäre das Schlimmste für mich. Lieber sollen sie mich dafür hassen und ausstoßen, als dass sie mich nicht ernst nehmen."
Tom nickte und nickte. „Kann ich nur bestätigen", sagte er und erstarrte. „Äh, ich meine… also, das kann ich mir vorstellen. Wenn ich schwul wäre, wäre das sicherlich… nicht schön."
Gerade noch gerettet. Es ging ihm in einer Sache ähnlich wie Kevin: Er fühlte sich noch nicht bereit, über seine Homosexualität offen zu reden. Nicht einmal mit Kevin.
„Können wir bitte über etwas anderes reden? Ich möchte keine traurigen Themen mehr", sagte Kevin lachend.
„Darf ich dir nur noch eine Frage stellen?"
„Klar."
„Warum tust du nichts gegen das Mobbing?"
Er atmete langsam ein und wieder aus.
„Sag mir, was, und ich tue es."
„Mit einem Lehrer reden?"
Kevin schüttelte den Kopf.
„Wenn ich petze, werden sie mir irgendetwas Schlimmes antun. Ich kenne Patrick und glaub mir, der hat echt kranke Ideen!"
Tom überlegte. Mit seinen Eltern zu reden war für Kevin auch keine Option, da er dann zugeben musste, dass er schwul ist, wozu er sich noch nicht bereit fühlte.

„Weißt du… ich habe einfach das Gefühl, dass du aufgegeben hast", sagte Tom.
Kevin antwortete nicht.
„Stimmt das?", fragte Tom nach.
Jetzt richtete Kevin seinen Blick auf den Boden.
„Ich habe es doch nicht anders verdient…", flüsterte er.
„Was?"
„Ich habe es verdient. Ich bin krank, ekelhaft… Es ist richtig, mich auszuschließen. Ich verdiene es."
„Das meinst du doch nicht ernst!", sagte Tom.
Kevin antwortete nicht. Er traute sich nicht einmal, ihn anzusehen. Manchmal schämte er sich einfach für das, was er war. Es ist eben nicht leicht, sich so zu akzeptieren, wie man ist, wenn alle einen niedermachen.
„Kevin…", fing Tom an. Ihm fehlten die Worte. Wie sollte er ihm vermitteln, wie falsch er lag? „So darfst du nicht denken."
„Wieso nicht? Es stimmt doch."
Tom stand auf und deutete Kevin mit einer Handbewegung an, es auch zu tun. Als sie sich gegenüberstanden, legte er ihm die Hände an die Oberarme und sah ihm in die Augen.
„Du bist wertvoll, ganz egal, was die anderen sagen. Du bist, was du bist, und das ist gut so. Du bist weder krank noch eklig. Es gibt keinen Grund, dich schlecht zu fühlen", sagte Tom. „Wir können manche Dinge nicht ändern, also müssen wir sie akzeptieren, um weitermachen zu können. Und weißt du was?"
Kevin runzelte leicht die Stirn.

„Du bist wundervoll, so wie du bist."
Sobald Tom es ausgesprochen hatte, spürte Kevin eine tiefe Wärme, die seinen ganzen Körper erfüllte. Als er ihn dann auch noch in den Arm nahm, schloss er seine Augen und lehnte seine Stirn gegen Toms Schulter. Sein Herz klopfte schneller und er fühlte wieder dieses Gefühl, das er erst einmal im Ferienlager gespürt hatte. Es machte ihn nervös, weil er es eigentlich nicht fühlen wollte.
Tom fühlte sich genauso wohl in Kevins Nähe. Ihn zu umarmen, gab ihm ein Gefühl von Sicherheit und Vertrauen. Keiner würde ihn je so verstehen wie Kevin, weil sie das gleiche Schicksal, die gleichen Ängste und die gleichen Sorgen teilten.
„Hast du meine Nummer?", fragte Tom, als sie sich lösten.
„Nein. Ich bin nicht mehr in der Klassengruppe, seit Patrick mich rausgeschmissen hat."
„Dann gebe ich sie dir jetzt."
Beide holten ihre Handys raus. Tom diktierte Kevin seine Handynummer und er tippte sie in sein Mobiltelefon ein.
„Wenn du irgendein Problem hast oder jemanden zum Reden brauchst, schreib mir einfach!", sagte Tom ernst und Kevin nickte. „Du bist nicht allein. Jetzt bin ich bei dir."
„Danke."

*

Wenig später brachten sie zusammen ihre Pizzen in die Küche, die frisch vom Lieferdienst gebracht worden waren. Während Kevin an einer klassischen Salamipizza knabberte, hatte Tom eine Pizza Hawaii mit Ananas und Schinken bestellt. Als sie ihr Essen aus den Kartons holten, sah Kevin angewidert zu Tom.
„Obst auf einer Pizza?", fragte er skeptisch.
„Ja, das ist lecker!"
Kevin schüttelte den Kopf.
„Willst du probieren?", fragte Tom. Er holte ein Stück heraus, das an einer Kante ein Stück Ananas hatte. Misstrauisch beäugte Kevin das Essen, als könnte es ihn gleich anspringen, bis er schließlich doch abbiss. Tom sah ihn erwartungsvoll an, doch Kevin schüttelte den Kopf.
„Nein, Gemüse ist besser. Pilze, Paprika oder Mais."
„Also, ich mag Pizza allgemein sehr gerne, wenn sie gut gemacht ist. So mit leckerem Teig…", erzählte Tom.
Kevin sah ihn fassungslos an und lachte leicht.
„Teig? Ist das dein Ernst? Wer achtet denn bei Pizza auf den Teig? Es geht doch nur um den Belag!"
„Wenn du meinst…", murmelte Tom und biss von seiner Pizza ab.
„Aber das wirklich Tolle an Pizza ist doch, wie vielseitig sie ist! Es gibt so viele Kombinationen mit Gemüse, Fleisch, Obst, Fisch, Saucen… Du kannst quasi alles auf die Pizza tun und es schmeckt immer anders", erzählte Kevin.
„Und dann nimmst du nur eine Salamipizza?"
Er zuckte mit den Schultern.

„Ich habe es gerne einfach."
„Was hältst du von Pilzen auf der Pizza?"
„Lecker!", sagte Kevin mit vollem Mund.
„Und Würstchen?"
Er überlegte einen Moment und schluckte.
„Wenn du noch Röstzwiebeln, Gewürzgurken und Senf mit drauf packst…"
„Bah!", stieß Tom aus. „Ist das dein Ernst?"
„Was hast du denn?"
Tom schüttelte den Kopf und legte sein Stück zurück in den Karton.
„Ein Hotdog ist ein Hotdog und eine Pizza ist eine Pizza. Punkt."
Kevin lachte.
„Also, ich mag Hotdogs und ich mag Pizza. Deshalb ist die Hotdogpizza super. Es ist wie Weihnachten und Ostern zusammen!"
„Nein, nein, nein… Ich bin kein Fan von solchen neumodischen Erfindungen oder Veränderungen."
„Bist du sonst auch so konservativ?", fragte Kevin.
Sie wurden wieder etwas ernster und sahen sich an.
Tom wusste nicht, worauf sein Gegenüber hinauswollte.
„Ich bin für alles offen, aber wenn die Veränderungen, die manche Leute sich wünschen, scheiße sind, dann sage ich ihnen das auch."
Kevin nickte zustimmend. Zwar sagte er nicht mehr so oft seine Meinung wie früher, aber er fand Toms Einstellung gut.
„Was ist mit dir? Magst du Veränderungen?"

„Na ja… Ich kann dir eigentlich nur zustimmen. Nicht alles, was Leute sagen, ist gut oder richtig."
Tom fing an, Kevin anzugrinsen. Dieser sah nur verwirrt zurück.
„Was?"
„Merkste selber, oder?"
„Was denn?"
„Nicht alles, was die Leute so sagen, ist richtig", wiederholte Tom. „Wenn Patrick dir einreden will, dass du minderwertig bist, dann heißt das nicht, dass er Recht damit hat."
Kevin schmunzelte. Irgendwo konnte er Toms Argumentation nachvollziehen. Es war schlichtweg einfacher, sich einzugestehen, dass man es verdient hatte. Dann kam es einem nicht so ungerecht vor und man ärgerte sich nicht so sehr.
„Wie sind wir denn von Pizza jetzt schon wieder zu Patrick gekommen?", fragte Kevin lachend.
„Keine Ahnung. Das Thema scheint uns beiden sehr am Herzen zu liegen."
Er schüttelte den Kopf.
„Nein, ich habe nicht davon angefangen. Dir ist das Thema wichtig, nicht mir!", meinte Kevin.
„Vielleicht…", flüsterte Tom. „Es beschäftigt mich eben. Du tust mir leid und ich bin am überlegen, wie ich aus dieser Sache mit dem Foto wieder herauskomme, ohne dass einer von uns Schmerzen erleiden muss."
Kevin seufzte. Er machte sich ebenso Gedanken über das Wohl seines neuen Freundes. Wenn er seinetwegen

jetzt Probleme bekam, würde ihm das wohl auf ewig ein schlechtes Gewissen bescheren.

*

Nach dem Essen verbrachten Kevin und Tom die nächsten zwei Stunden damit, Videospiele gegeneinander zu spielen. Obwohl Tom nicht schlecht war, war Kevin ihm haushoch überlegen, sodass er sich schon überlegte, heimlich zu üben, um beim nächsten Mal besser zu spielen. Nachdem Tom schon wieder verloren hatte, sah er auf die Uhr. Er war schon eine ganze Weile hier und musste bald wieder nach Hause. Kevin hatte seinen Blick bemerkt und wusste, dass Tom gehen wollte. Er stieß einen traurigen Seufzer aus. Der Nachmittag war so schön gewesen, aber jetzt war es wohl vorbei.
„Ich glaube, ich sollte langsam nach Hause gehen", sagte Tom bedrückt.
Er würde auch lieber bei Kevin bleiben.
„Ja."
Mehr brachte er nicht über die Lippen.
Tom stand vom Sofa auf und ging in den Flur, um sich seine Schuhe anzuziehen. Kevin trottete traurig hinter ihm her und sah ihm zu. Als Tom fertig war, standen sie sich unsicher gegenüber. Keiner von beiden wusste so genau, was er sagen sollte. Sie hatten gemischte Gefühle. Da war die Freude über den schönen Nachmittag, die Trauer über den Abschied und die Unsicherheit über ihre Gefühle für einander.

„Ich… ich habe mich gefreut, dass du da warst", sagte Kevin unsicher und biss sich auf die Unterlippe. Eigentlich war es nichts Besonderes, was er sagte. Warum also ging es ihm so schwer über die Lippen?
„Ich fand es auch echt schön", antwortete Tom lächelnd.
Er verspürte diese Unsicherheit nicht. Für ihn war es nichts Außergewöhnliches, mit einem Freund Zeit zu verbringen. Auch wenn Kevin ein Mobbingopfer war, war er ein Junge genau wie er, der sich nach Gesellschaft sehnte.
Tom umarmte Kevin selbstsicher. Dieser genoss die Nähe zu seinem neuen Freund und schloss kurz die Augen. Die Wärme, die seinen Körper füllte, ließ ihn sich sofort wohlfühlen. Gleichzeitig war da ein mulmiges Gefühl in seinem Magen. Wie gerne würde er Tom immer so umarmen, aber es ging nicht. Auch wenn Kevin am liebsten ständig in seiner Nähe wäre, ging es nicht. Er wollte die Gefühle, die in ihm hochkamen, nicht fühlen, weil sie sowieso nicht erwidert werden würden.
Tom stand nun einmal auf Frauen. Das war ein Fakt. Daran konnte Kevin nichts ändern. Und wenn Tom sich nicht in ihn verlieben würde, war es auch dumm, sich in ihn zu verlieben. Er musste ihn sich einfach aus dem Kopf schlagen. Es brachte nichts, sich irgendwelche Hoffnungen zu machen.

*

Doch bevor er seine Hoffnungen begraben konnte, musste er noch Tom helfen, aus seiner kniffligen Situation herauszukommen. Eigentlich wollte Kevin nicht, dass jemand dieses Foto in die Hände bekam. Es war etwas ganz Persönliches und jeder, dem er es zeigte, bekam eine große Macht über ihn. Damit würde Kevin demjenigen sein tiefstes Innerstes zeigen, sich komplett öffnen... Er würde sich emotional nackt machen.

Trotzdem machte er am Montagabend eine Kopie des Fotos, um sie Tom zu geben, damit er sie Patrick geben konnte. Warum wollte er sich selbst so bloßstellen? Kevin wusste selbst nicht genau, weshalb er sich für Tom opferte, aber wenn man jemanden liebte, war einem diese Person wichtiger als man selbst. Auch wenn es nicht um Tom gegangen wäre, hätte Kevin das vermutlich getan. Es lag in seiner Natur, selbstlos zu sein und anderen zu helfen. Patrick durfte nicht dafür sorgen, dass Kevin sich selbst verlor.

Am Dienstagmorgen wartete er an Toms Bushaltestelle auf ihn. Er musste ihm das Foto geben, bevor Patrick oder irgendjemand anderes das mitbekam. Dann wäre alles umsonst und Tom würde es richtig schlecht gehen. Das durfte er nicht zulassen.

Als endlich der Bus kam und Tom ausstieg, schlug Kevins Herz direkt schneller und er fing tatsächlich an zu lächeln. Er freute sich schon auf Toms Blick, wenn er ihm das Foto überreichte. Nachdem er sich versichert hatte, dass die Luft rein war, ging er zu seinem Freund. Dieser war zuerst überrascht, den

kleinen Blondschopf hier zu sehen, freute sich dann jedoch umso mehr und umarmte ihn kurz.
„Hey", sagte er. „Was machst du denn hier?"
„Ich habe etwas für dich", antwortete Kevin eilig und drückte ihm unauffällig das Foto in die Hand.
Tom sah es an und blickte dann wieder ungläubig zu Kevin. Er verstand sofort, was das sollte, konnte jedoch nicht nachvollziehen, warum er so handelte.
„Was soll das?", fragte er und schüttelte geschockt den Kopf.
„Das kannst du Patrick geben", antwortete Kevin mit einem traurigen Seufzen. „Dann hast du keine Probleme mehr mit ihm und er… er wird dich mögen."
Tom blinzelte mehrmals.
„Das kann doch nicht dein Ernst sein! Ich mache das nicht!"
„Warum nicht?"
„Weil ich dich nicht verrate, Kevin! So jemand bin ich nicht."
„Aber Patrick…"
„Ich liefere dich nicht aus! Kannst du vergessen!", unterbrach er ihn.
Tom gab ihm das Foto zurück. Kevin sah von dem Bild zu seinem Freund und wieder zurück. Er hatte nicht damit gerechnet, dass er sich so stark mit ihm solidarisieren würde, aber das machte ihn leider nur noch attraktiver. Womit hatte er so einen lieben, hilfsbereiten, gutherzigen Menschen verdient?
Das erinnerte ihn nur wieder daran, dass er von etwas träumte, das nie Realität werden würde. Er stellte sich vor, wie Tom ihn anlächelte und sagte, er würde ihn

viel zu sehr lieben, um ihn zu verraten. Dann würde er eine Hand an Kevins Wange legen und dieser würde sich an ihm anschmiegen. In dem Moment, in dem sie sich küssen würden, würde er sich wohlfühlen, fallenlassen und ankommen.
Als Kevin aus seinen Tagträumen erwachte, seufzte er. Das alles wäre so schön, aber es würde nie passieren. Tom konnte nichts dafür. Er war nun einmal nicht schwul. Daran konnte er nichts ändern. Aber Kevin merkte, wie er sich immer mehr nach Tom sehnte und dadurch unkonzentrierter wurde. Es war gefährlich, jemanden so nahe an sich heranzulassen. Durch die Sehnsucht wurde er unvorsichtig und leichtsinnig.
Tom bemerkte Kevins traurigen Blick. Da sie der Schule immer näher kamen, blieb er stehen. Sie sollten nicht zusammen gesehen werden.
„Was ist los?", fragte er.
Kevin sah auf den Boden. Es tat ihm weh, Tom wegstoßen zu müssen, aber es war das Beste für beide.
„Ich… ich möchte keinen Kontakt mehr zu dir."
„Was?", fragte Tom und sah ihn erst geschockt, dann verwirrt, an. „Weil ich das Foto nicht angenommen habe?"
Kevin schüttelte leicht den Kopf.
„Nein, das hat damit nichts zu tun."
„Aber was hast du dann?"
Er antwortete nicht.
„Rede mit mir!"
„Es ist besser so", flüsterte Kevin mit zerbrechlicher Stimme.

„Wegen Patrick? Ich schaffe das mit ihm schon. Du musst dir um mich keine Sorgen machen", erklärte Tom.

„Es geht nicht immer nur um dich!" Er sah auf. „*Ich* will es einfach nicht, weil es besser für *mich* ist! Halt dich bitte von mir fern!"

Entschlossen ging Kevin weiter in Richtung Schule. Tom blieb geschockt stehen.

„Kevin!", rief er ihm noch nach, aber er ging einfach weiter.

Mit etwas Abstand machte sich Tom dann auch auf den Weg zum Unterricht. Am liebsten hätte er ihn noch einmal gefragt, was los war, aber wenn Kevin abblockte und nicht mit ihm reden wollte, war es zwecklos. Es enttäuschte ihn, denn Tom hatte sich auch wohlgefühlt bei ihm. Er wollte Kevin zudem nicht alleine lassen in dieser schwierigen Phase. Aber wenn er nicht mit ihm redete, wollte Tom ihn auch nicht bedrängen. Da ließ er ihn lieber in Ruhe.

*

Im Unterricht mied Kevin jeden Blickkontakt, auch wenn Tom immer wieder zu ihm sah. Er hoffte sehr, dass Kevin das nicht ernst gemeint hatte und sie doch weiter befreundet bleiben konnten. In einem ruhigen Moment riss er einen Schnipsel Papier aus seinem Block und schrieb darauf: „Was ist los?" Unauffällig schob er ihn zu Kevin hinüber. Dieser sah den kleinen Zettel, antwortete aber nicht darauf. Er sah ihn sich einfach nur stumm an, bis er den Blick abwandte und aus dem Fenster sah.

Tom nahm ihn seufzend an sich und hoffte, dass die Stunde endlich endete. Es war ihm unangenehm, neben Kevin zu sitzen und nicht zu wissen, was ihn belastete. Gleichzeitig ärgerte es ihn, dass der kleine Blondschopf nicht Klartext mit ihm redete. Er wollte ihm doch helfen! Warum ließ er sich nicht helfen?

Nach dem Ende der Stunde gingen alle in die Pause. Kevin verschwand schnell und unbemerkt, was vor allem daran lag, dass Patrick sich nicht für ihn interessierte, sondern für Tom. Auch wenn dieser nicht wollte, konnte er ihn nicht abschütteln.

„Hey, Tom!", sagte Patrick und legte ihm einen Arm um die Schulter. „Wollen wir nicht ein bisschen quatschen?"

„Worüber denn?", fragte Tom.

Er hoffte, dass Patrick die Sache mit dem Foto vergessen hatte, dabei war ihm klar, dass ein Typ wie er so etwas nicht vergaß.

„Ich habe gedacht, vielleicht hast du etwas für mich."

Er seufzte.

„Nein, habe ich nicht."

Patrick kniff leicht die Augen zusammen und versuchte, Tom zu lesen.

„Warum nicht?"

„Ich habe es nicht bekommen", meinte er schulterzuckend.

„Hast du es wenigstens versucht?"

Tom schwieg ein paar Sekunden und sah auf den Boden vor ihm.

„Nicht so richtig", sagte er schließlich und seufzte. „Ich bin halt nicht so wie du. Ich kann so etwas nicht."
Patrick sagte nichts, sondern hörte zu und überlegte.
„Ich lasse dich einfach machen, aber mich selbst möchte ich lieber raushalten."
„Sicher?", fragte Patrick. „Es tut gut, seine Gefühle rauszulassen."
„Aber mein schlechtes Gewissen ist zu groß."
„Wie du meinst… Solange du mir nicht in die Quere kommst, ist das okay."
„Werde ich nicht", versprach Tom. „Wir sind doch Freunde, oder?"
„Klar", meinte Patrick und lächelte. Er wirkte leicht geknickt, aber bemühte sich, es sich nicht anmerken zu lassen.
Tom seufzte erleichtert. Da war er gut wieder herausgekommen. Er musste Kevin nicht schaden und konnte trotzdem sich selbst schützen. In diesem Moment erinnerte er sich wieder an seinen Konflikt mit Kevin und daran, dass er unbedingt noch jemanden um Rat fragen wollte.
„Ich wollte noch etwas erledigen", sagte er. „Bis später!"
„Ja, bis später."

*

Tom lief durch die Schule und suchte nach Jonas. Er war der einzige, den er offen um Rat fragen konnte, ohne Angst haben zu müssen, dass Patrick es erfuhr. Okay, Anastasia vertraute er auch, aber zu Jonas hatte

er noch einen besseren Draht. Es spielte allerdings ohnehin keine Rolle, weil Anastasia und Jonas zusammen auf dem Hof mit ein paar ihrer Mitschüler redeten.
„Kann ich kurz mit dir reden?", fragte Tom Jonas. Anastasia bemerkte seinen ernsten Ton und sah besorgt zu ihnen.
„Du kannst auch mitkommen", fügte Tom hinzu und deutete ihr mit einer Handbewegung an, ihm zu folgen.
Sie entfernten sich von den anderen und stellten sich in eine ruhige Ecke.
„Was ist los?", fragte Jonas.
Tom seufzte und fuhr sich kopfschüttelnd durch die Haare.
„Ich verstehe diesen Jungen nicht!", sagte er.
„Wen?", fragte Anastasia.
„Na, Kevin!"
„Was ist mit ihm?", fragte Jonas und verzog besorgt das Gesicht.
Bei dem Namen Kevin schrillten bei ihm alle Alarmglocken auf.
„Er ist so komisch... ganz plötzlich..."
„Was meinst du genau?", fragte Anastasia.
Tom seufzte.
„Er hat sich von mir abgewandt und gesagt, er will keinen Kontakt mehr zu mir."
„Warum?", fragte Jonas.
„Ich weiß es nicht."
Tom sah seine Freunde traurig an und erhoffte sich eine gute Antwort von ihnen.

„Ist irgendetwas vorgefallen zwischen euch? Habt ihr euch gestritten oder so?", fragte Anastasia.
„Nein…" Tom überlegte noch einmal. „Nein, wir haben uns super verstanden. Ich weiß echt nicht, was er plötzlich hat."
Jonas grübelte, kam aber zu keinem richtigen Entschluss.
„Vielleicht ging es ihm einfach zu schnell und er braucht noch Zeit, um dir zu vertrauen", sagte er.
„Kann sein… Was soll ich denn jetzt machen? Er redet kein Wort mehr mit mir!", erwiderte Tom verzweifelt.
„Ich rede mit ihm", sagte Anastasia entschlossen.
Die beiden Jungs sahen sie überrascht an.
„Wirklich? Ihr habt doch seit Wochen nicht mehr miteinander geredet!", meinte Jonas.
„Na, und? Einen Versuch ist es doch wert."
„Das ist wirklich lieb von dir, Anastasia. Ich hoffe, du kriegst etwas aus ihm heraus", sagte Tom seufzend.
Sie wünschten ihr viel Glück, aber Anastasia war überzeugt, dass sie das nicht nötig hatte. Vielleicht hatte sie lange nicht mehr mit Kevin geredet, aber er würde sich ihr bestimmt öffnen, wenn sie für ihn da war und ihm zuhörte.

*

Als sie Sportunterricht hatten, musste Kevin sich sehr zusammenreißen, Tom nicht die ganze Zeit über anzusehen. Er war in seinen Augen so schön und in der Umkleidekabine konnte er kaum den Blick von ihm lassen. Kevin hoffte nur, dass keiner bemerkte,

wie nervös er wurde, aber es schien keinen zu interessieren. Patrick interessierte sich nur beim Hinausgehen für ihn, als er ihn heftig gegen die Tür schubste, sodass Kevin sich stark an der Schulter und am Kopf wehtat. Er atmete tief durch und versuchte, es nicht weiter zu beachten.
Nach dem Unterricht war Mittagspause, die schlimmste Zeit der Woche für Kevin. Er versteckte sich mit all seinen Sachen in einer Ecke auf dem Schulhof und aß dort ein Brötchen, das er sich von zu Hause mitgenommen hatte. Er bekam nicht mit, dass er nicht nur von Patrick sondern auch von Anastasia gesucht wurde. Doch während er direkt aufgab und etwas anderes unternahm, versuchte sie, sich in Kevin hineinzuversetzen und fand ihn schließlich.
Zufrieden seufzend ging sie auf ihn zu und setzte sich neben ihn. Kevin musterte sie verwirrt von der Seite.
„Ich bin so froh, dass ich dich endlich gefunden habe."
„Du… redest mit mir?", fragte er überrascht.
Sie nickte.
„Ich wollte fragen, wie es dir geht."
Kevin verzog misstrauisch das Gesicht. Anastasia hatte seit Wochen nicht mehr mit ihm geredet. Was für einen Grund musste sie haben, es jetzt doch wieder zu tun?
„Gut", antwortete er automatisch.
„Wirklich?"
„Den Umständen entsprechend", meinte Kevin schulterzuckend. „Patrick war die letzte Woche sehr gütig." Er schluckte, da er fürchtete, die Ruhe vor dem Sturm zu spüren. Es war nur eine Frage der Zeit, bis es ihn wieder heftig erwischte.

„Und was ist das mit Tom?", fragte Anastasia.
Er sah zu Boden und versuchte, die Tränen zu unterdrücken, die ihm in die Augen stiegen.
„Er macht sich Sorgen um dich", fügte sie hinzu.
Tom hatte es ihr erzählt. Kevin wusste nicht, wie er das finden sollte.
„Sag ihm, er soll es einfach vergessen. Er soll weitermachen und mich in Ruhe lassen", sagte er schweren Herzens.
„Warum?"
Kevin schluchzte leise und strich sich mit dem Ärmel über die Augen. Er wollte es ihr eigentlich nicht erzählen, denn wenn sie das weitererzählte, würden er und Tom riesige Probleme bekommen, aber er brauchte jemanden, mit dem er darüber reden konnte. Alles in sich hineinzufressen, machte ihn fertig.
„Es ist das passiert, wovor ich immer am meisten Angst hatte: Ich empfinde mehr für ihn."
Anastasia sah ihn einen Moment ungläubig an, bevor sie es wirklich verstand und anfing, breit zu grinsen.
„Du hast dich in ihn verknallt? Wie süß!", sagte sie.
Kevin schüttelte den Kopf.
„Das ist überhaupt nicht süß…", murmelte er.
Anastasia rutschte ein Stück näher an ihn heran.
„Du musst dich dafür überhaupt nicht schämen. Tom ist ein toller Junge, ich kann gut verstehen, dass du so fühlst", erzählte sie.
„Aber er steht auf Frauen,… oder?"
Ihr Lächeln verging. Sie räusperte sich unsicher, bevor sie sagte:
„Ja… Er hat es selbst gesagt."

Damit war auch das letzte Fünkchen Hoffnung, das Kevin gehabt hatte, erloschen.
„Tut mir leid", sagte Anastasia.
„Muss es nicht", antwortete er sofort. „Es ist doch meine Schuld, wenn ich so dumm bin, mich in ihn zu verlieben."
Sie legte ihm eine Hand auf die Schulter und er zuckte kurz zusammen, bevor er sich von ihr streicheln ließ.
„Das passiert nun einmal. Da kann keiner etwas für."
„Ist doch auch egal… Wenn ich mich von ihm fernhalte, kriege ich das bestimmt wieder in den Griff."
„Du solltest es ihm sagen."
„Nein!" Er schüttelte den Kopf. „Sag du ihm bitte auch nichts! Er wird sicher wütend auf mich sein."
„Aber…"
„Bitte!", unterbrach er sie.
Anastasia seufzte.
„Na gut, dann sage ich ihm nichts. Kann ich dir sonst irgendwie helfen?", fragte sie.
„Ich bin verloren", antwortete Kevin seufzend. „Wenn ich Abstand zu ihm halte, kann ich ihn bestimmt wieder vergessen. Haltet euch einfach von mir fern."
Sie sah ihn unsicher an. Natürlich hatte er Unrecht. Gerade in dieser Situation sollte man ihn nicht alleine lassen, aber sie hatte keine Ahnung, was sie tun konnte, um ihn zu unterstützen.
Unschlüssig stand sie auf, sah Kevin noch einen Moment lang an und ließ ihn alleine.

6.

Obwohl sie Kevin versprochen hatte, Tom nichts von seinen Gefühlen zu erzählen, war sie sich nicht sicher, ob sie sich daran halten konnte. Anastasia war schon immer grauenhaft darin gewesen, Dinge für sich zu behalten, und außerdem war sie sich nicht sicher, ob das in dieser Sache überhaupt hilfreich war.
Während sie noch darüber grübelte, kam sie am Kiosk an. An den Tischen davor saßen wie immer ihre Mitschüler. Da waren ihre Mädels, Tom und Jonas, aber auch Patrick mit seinen Anhängseln Dennis und Sascha. Die ganze Gruppe war vereint und erzählte sich den neusten Klatsch und Tratsch. Als sie sich stumm dazusetzte, schien es kaum einen zu interessieren. Lediglich Jonas und Tom sahen erwartungsvoll zu Anastasia und versuchten, aus ihrem Gesicht etwas zu lesen. Lea schob ihr lächelnd die Nudeln zu, die sie für ihre Freundin mitgenommen hatte.
„Bitte sehr", sagte sie.
„Danke", erwiderte Anastasia und begann, zu essen.
„Wo warst du denn?", fragte Patrick.
„Habe telefoniert", erwiderte sie unbekümmert. „Mit meiner Mutter."
Patrick nickte und beließ es dabei.
Keiner fragte weiter nach. Sie hatten keinen Grund, ihr zu misstrauen. Tom hielt die Spannung kaum aus. Er atmete tief durch und überlegte sich eine Ausrede, um mit Anastasia unter vier, beziehungsweise sechs, Augen reden zu können. All seine Hoffnungen hatte er

in sie gelegt und er konnte es kaum erwarten, zu hören, wie ihr Gespräch verlaufen war.

„Hast du sie erreicht?", fragte Jonas nervös.

Anastasia sah ihm kurz in die Augen, dann nickte sie. Sie hoffte, dass irgendjemand das Thema wechseln würde, bevor sie ihre Lüge noch weiterstricken musste. Da stupste Dennis Patrick an.

„Guck mal auf die Uhr! Müssen wir nicht langsam los?", fragte er.

„Oh, ja! Du hast Recht!"

Patrick, Dennis und Sascha standen auf.

„Was habt ihr denn vor?", fragte Maja.

Patrick grinste nur und sie entfernten sich. Anastasia, Jonas und Tom sahen sich an. Das bedeutete nichts Gutes. Wenn er diesen Blick in den Augen hatte, plante er meistens etwas Böses gegen Kevin.

So schnell sie konnte, schlang Anastasia ihre Nudeln herunter. Sie spürte, wie angespannt vor allem Tom war, und wollte ihn nicht länger auf die Folter spannen. Zudem sollte er wissen, dass es Kevin gut ging und er sich keine Sorgen machen musste. Na gut, unglücklich verliebt zu sein, war nichts Schönes, aber es gab deutlich Schlimmeres.

„Jonas, Tom, ihr wolltet mir doch noch bei dieser Sache helfen", sagte sie.

Ihre Nudeln hatte sie nicht ganz aufgegessen, aber das war ihr jetzt egal. Sie hatte keinen Hunger mehr.

„Klar, können wir jetzt machen", erwiderte Tom schnell und stand auf.

„Was für eine Sache denn?", fragte Lea.

Anastasia winkte ab:

„Etwas mit meinem Handy. Nichts Wichtiges. Kommt ihr?"
Sie nahmen schnell ihre Sachen und verließen die Gruppe. Ob die Mädchen ihr geglaubt hatten, war Anastasia in diesem Moment egal. Es ging sie sowieso nichts an.
Die drei gingen in einen Gang im ersten Stock. Hier hatten die 5. und 6. Klassen ihre Klassenräume. Zu dieser Zeit war der Flur menschenleer, was die drei sehr begrüßten. Sie setzten sich auf die Sofas, die am Fenster standen.
„Du hast also mit ihm geredet?", fragte Jonas, sobald er saß.
Anastasia nickte.
„Und was hat er gesagt?", fragte Tom und lehnte sich neugierig zu ihr.
Sie stand auf und lief mit verschränkten Armen ein paar Schritte durch den Gang. Jetzt durfte sie nichts Falsches sagen. Auch wenn sie es nicht gut fand, wollte sie wenigstens versuchen, sich an Kevins Wunsch zu halten, und nicht zu erzählen, was ihn belastete.
„Wir sollen uns keine Sorgen um ihn machen", sagte sie schließlich.
„Ernsthaft?", fragte Jonas.
„Was hat er denn?", fragte Tom.
Sie kaute nachdenklich auf ihrer Unterlippe.
„Nichts."
„Du warst noch nie eine gute Lügnerin, Anastasia", meinte Jonas und lachte leicht. „Was hat er dir wirklich gesagt?"
Sie schwieg.

„Anastasia, bitte!", sagte Tom. „Ich mache mir ernsthafte Sorgen um ihn!"
„Musst du nicht", erwiderte sie. „Es geht ihm gut... Na ja, es geht so."
„Hat Patrick irgendetwas gemacht, dass er jetzt so seltsam ist?", fragte Tom.
„Was? Nein, mit dem hat das nichts zu tun!"
„Hat es etwas mit mir zu tun?"
Sie sah nach oben und nickte dann.
„Oh, nein, ich habe bestimmt irgendetwas gesagt, was ihn verletzt hat", meinte Tom und legte den Kopf in die Hände.
„Nein, mach dir nicht so viele Gedanken!", sagte Anastasia.
„Dann sag uns doch endlich, was mit ihm ist! Wir lassen sowieso nicht locker, bis wir es wissen!", erwiderte Jonas.
Sie haderte mit sich selbst, aber eigentlich wollte sie es auch gerne erzählen. Es juckte ihr in den Fingern, Toms Reaktion darauf zu sehen und sie selbst fand es auch schön, dass Kevin sich verliebt hatte.
„Also gut, dann sage ich es euch", sagte sie schließlich.
Tom atmete erleichtert auf. Jetzt hatte das Rätselraten ein Ende und er würde Gewissheit bekommen.
„Aber ihr müsst mir wirklich versprechen, Kevin nichts davon zu sagen! Wenn er erfährt, dass ich es euch gesagt habe, wird er mich hassen und das würde mir das Herz brechen!", sagte Anastasia.
„Nein, im Gegensatz zu dir können wir Geheimnisse für uns behalten", erwiderte Jonas lachend.

„Jetzt sag schon!", forderte Tom und wackelte ungeduldig mit dem Fuß.
Anastasia ging zu ihnen und hockte sich grinsend hin. Sie atmete tief durch und überlegte, wie sie am besten ausdrückte, was sie sagen wollte.
„Also, es ist so, dass Kevin…" Sie sah zu Tom. „… Gefühle für dich entwickelt hat."
Stillschweigen. Tom wusste nicht, was er fühlen sollte. Zuerst konnte er es schlicht nicht glauben. Dann wurde ihm ein wenig mulmig im Magen, doch letztlich fand er es gar nicht so schlimm und freute sich sogar ein wenig.
„Er ist in dich verliebt", sagte Anastasia und lächelte leicht.
„Oh, der Arme", meinte Jonas und sah kopfschüttelnd auf den Boden.
„Warum das denn? Ist doch süß! Tom war für ihn da und jetzt ist Kevin verknallt in ihn."
„Also, ich kenne mich ja nicht so damit aus, aber ich glaube, für einen Homosexuellen ist es jetzt nicht so schön, sich in einen Heterosexuellen zu verlieben", meinte Jonas.
Am liebsten hätte Tom ihn korrigiert. Kevin hatte sich nicht in einen Heterosexuellen verliebt, aber das wussten die anderen nicht. Er überlegte, es ihnen zu erzählen. Was für einen Grund hatte er, sie weiter zu belügen? Aber auf der anderen Seiten wollte er sein erstes Outing nicht so zwischen Tür und Angel machen. Er hatte noch nie jemandem von seiner Homosexualität erzählt. Zwar schämte Tom sich nicht dafür, aber er wollte sich auch keinen Stress damit

machen. So groß war sein Geltungsbedürfnis nicht und solange er mit sich selbst im Reinen war, war es für ihn in Ordnung.

„Willst du nicht auch mal etwas dazu sagen?", riss Anastasia Tom aus seinen Gedanken.

Er sah zwischen den beiden hin und her.

„Was soll ich denn sagen?"

„Hallo? Ich habe dir gerade verkündet, dass Kevin in dich verliebt ist und du willst nichts dazu sagen?"

Tom zuckte mit den Schultern. Er war sich selbst nicht sicher, was er darüber dachte und fühlte.

„Ich bin erleichtert, dass es nur das ist", meinte er.

„Meinst du, ihr könnt jetzt weiter befreundet sein?", fragte Jonas.

„Klar", antwortete Tom sofort. „Ich habe kein Problem damit."

„Er denkt, du würdest deswegen wütend auf ihn sein", sagte Anastasia.

„Ach, Quatsch! Ist doch keine große Sache. Natürlich werde ich vorsichtiger sein, wenn ich mit ihm rede, aber sonst ändert das nichts für mich", erklärte Tom.

„Aber du darfst ihm nicht sagen, dass du es weißt!"

„Wenn ich ihm sage, dass ich nicht wütend bin, wird er dir dankbar sein, dass du das geklärt hast", erwiderte er.

„Nein, er wird mir nie wieder etwas anvertrauen! Kevin ist zwar absolut nicht nachtragend, aber ich will das nicht!"

„Wenn sie nicht will, dass du es ihm sagst, dann lass es bitte", mischte sich Jonas ein.

Tom seufzte.

„Und was soll ich jetzt machen? Ich kann doch nicht so tun, als wäre nichts!"
„Er will sich von dir fernhalten, um über dich hinwegzukommen. Lass ihn doch eine Weile in Ruhe, wenn ihm das hilft!", meinte Anastasia.
„Meinst du wirklich, dass es das besser macht? Darüber zu reden ist die beste Lösung, da muss ich Tom zustimmen", antwortete Jonas.
„Hey! Es ist Kevin, über den wir hier reden. Es sind seine Gefühle und es ist seine Entscheidung, wie er damit umgehen will!"
Tom legte die Hände in den Nacken und sah an die Decke. Er konnte Anastasia verstehen, aber er wollte nur ungern akzeptieren, dass er einen guten Freund verlor, der zudem gerade seine Hilfe gebrauchen konnte.
Nach einem kurzen Moment der Stille sagte Jonas: „Ich habe einfach nur das Gefühl, dass Kevin wieder etwas aufblüht, seit Tom da ist."
Die drei sahen sich abwechselnd an.
„Ich glaube auch, dass du ihm guttust", sagte Anastasia. Sie seufzte. „Vielleicht habt ihr Recht und du solltest ihn nicht allein lassen, aber ich habe Angst, dass er mit den Gefühlen nicht umgehen kann und es ihn belastet."
„So wie es scheint, ist das auch berechtigt", meinte Jonas. Er sah zu Tom, der immer noch neben ihm saß. „Was sagst du denn dazu?"
„Ich? Keine Ahnung. Ich kannte Kevin ja vorher nicht und kann deshalb nicht beurteilen, ob es ihm besser geht oder nicht."

„Ich meinte, ob du Angst hast, dass er mit den Gefühlen nicht umgehen kann."
Tom schüttelte den Kopf.
„Nein, überhaupt nicht! Mich stört es nicht, eigentlich finde ich es sogar… ganz süß, dass er so etwas für mich empfindet."
Er sah lächelnd auf den Boden und hatte das Gefühl, leicht rot zu werden.
„Wenn du so locker damit umgehen kannst, sollte das eure Freundschaft doch nicht beeinträchtigen, oder?", fragte Jonas.
„Sei bitte einfach vorsichtig, okay?", sagte Anastasia und legte die Hände ineinander.
„Natürlich, verlasst euch auf mich!"

*

Am Ende der Mittagspause musste Kevin leider wieder zum Unterricht. Er ging erst kurz vor Stundenbeginn los und hoffte, auf dem Weg zum Raum nicht noch Patrick zu begegnen. Das passierte auch nicht, was wohl daran lag, dass dieser schon beim Klassenraum auf Kevin wartete. Er wollte es sich nicht entgehen lassen, seinen Blick zu sehen, wenn Kevin sein Schließfach sah.
Als er in den Gang kam, entdeckte er es sofort. Unter all den sauberen, schönen Spinden stach seiner direkt heraus. Mit einem schwarzen Stift hatte jemand Beleidigungen geschmiert. „Schwuchtel", „ekelhaftes Stück Dreck" und Ähnliches stand darauf geschrieben. Kevin blieb stehen und sah von seinem Schließfach zu

Patrick, der ihn angrinste. Ihm wurde schlecht und er schämte sich.

Während er unsicher den Spind öffnete, sahen alle seine Mitschüler ihm zu. Aber auch die Schüler aus den anderen Klassen konnten jetzt sehen, was er war. Er schämte sich so sehr, dass jetzt alle über seine Homosexualität Bescheid wussten. Eigentlich ging es niemanden etwas an. Es war nur seine persönliche Sache, aber jetzt konnten alle sein tiefstes Inneres sehen.

Als Tom, Jonas und Anastasia den Flur entlang gingen, war Kevin schon nicht mehr an seinem Schließfach, aber jetzt wusste spätestens jetzt, dass es seines war.

„Oh, das ist echt fies", sagte Jonas.

Tom seufzte nur. Es tat ihm leid für seinen Kumpel, aber er wusste nicht, wie er ihm helfen konnte.

Die drei bemerkten nicht, dass hinter ihnen ihr Lehrer Herr Preist ebenfalls auf dem Weg zu ihrem Klassenraum war. Als er die Schmierereien auf dem Spind bemerkte, beschloss er, die drei darauf anzusprechen:

„Hey, wisst ihr, wessen Schließfach das ist?"

Die drei sahen erst ihren Lehrer und dann einander an. Eigentlich sollten sie ihm nichts darüber erzählen, Patrick würde sie umbringen, wenn er das mitbekam, aber wenn er sie so fragte, mussten sie antworten.

„Kevins", antwortete Anastasia.

Herr Preist wollte fragen, ob sie wussten, wer das geschrieben hatte, aber er beließ es dabei. Er wollte seine Schüler nicht zum Petzen animieren, das würde nur Unruhe und Streit zur Folge haben, außerdem ging es ohnehin nur Kevin etwas an.

„Okay, danke", sagte er.

Sie kamen bei ihren Mitschülern an und Tom sah nur zu Kevin, doch dieser vermied jeden Blickkontakt. Tom versuchte, sein Lächeln zu unterdrücken. Dass dieser süße, kleine Blondschopf in ihn verliebt war, verursachte ein wohltuendes Kribbeln in seinem Bauch. Am liebsten hätte er ihn dafür in den Arm genommen und an sich gedrückt. Wie er jetzt auf den Boden sah und leicht rosafarbene Wangen bekam, als er Toms Blick auf ihm bemerkte, fand dieser ebenfalls nur süß.

„Alles gut bei dir?", fragte er leise, als sie auf ihren Plätzen saßen.

Kevin nickte nur. Er wollte sich nicht mit seinem Banknachbarn unterhalten.

Seine Nase lief leicht, was Tom bemerkte und ihm ein Taschentuch hinüberschob. Sofort nahm er es an und putzte sich die Nase. Den ganzen Tag über hatte er schon ein Kratzen im Hals und jetzt lief ihm auch noch die Nase. Kevin hoffte nur, er würde nicht noch kranker werden.

„Danke", flüsterte er.

„Gerne", erwiderte Tom lächelnd.

*

Nach der Doppelstunde freute sich Kevin, endlich nach Hause gehen zu können. Kein Patrick, kein Dennis, kein Sascha und kein Tom. Weder körperliche noch seelische Schmerzen noch Herzschmerz konnten ihn jetzt noch belasten.

Doch Kevin freute sich zu früh, denn als Herr Preist die Stunde beendete, sagte er:

„Ach, Kevin, bleibst du bitte noch einen Moment hier?"

Eine eisige Kälte breitete sich aus. Die meisten hatten es mitbekommen und der Großteil von ihnen konnte sich denken, worum es ging. Patrick sah Kevin mit einem ernsten Blick an, der ihm sagen sollte, er solle bloß die Klappe halten, sonst hätte es schlimme Konsequenzen für ihn. Anastasia und Jonas waren gespannt, was sich aus diesem Gespräch ergeben würde. Tom fühlte Kevins Anspannung und Angst und wollte einfach für ihn da sein.

„Ich warte draußen auf dich", flüsterte er ihm zu.

Kevin antwortete nicht. Er rührte sich nicht und versuchte einfach, ruhig zu bleiben. Während er seine Sachen nahm und zu Herrn Preist nach vorne ging, ging er im Kopf die Antworten durch, die er ihm auf alle seine Fragen geben würde. Am liebsten würde er es schnell hinter sich bringen, aber Herr Preist wartete, bis alle anderen aus dem Raum waren und die Tür geschlossen hatten.

„Setz dich bitte!", sagte er.

Kevin nahm sich stumm einen Stuhl und setzte sich. Herr Preist setzte sich ebenfalls entspannt auf seinen Lehrerstuhl.

„Ist das dein Spind da draußen?", fragte er.

Kevin nickte.

„Weißt du, wer das war?"

Er schüttelte den Kopf.
„Kennst du jemanden, der einen Grund hätte, das zu tun?"
Er schüttelte wieder den Kopf.
„Hattest du in der letzten Zeit mit irgendjemandem Probleme?"
Er schüttelte wieder den Kopf.
Herr Preist seufzte.
„Kevin, ich versuche doch nur, dir zu helfen, aber wenn du nicht mit mir redest, kann ich nichts für dich tun", sagte er.
„Müssen sie auch nicht", erwiderte Kevin leise. „Es ist nichts."
„Was war das letztens, als du dich mit heißem Kaffee verbrannt hast? Glaub nicht, ich hätte das nicht mitbekommen."
„Das war ein Unfall."
Während des ganzen Gesprächs hatte er seinen Lehrer nicht einmal angesehen. Sein Blick lag starr auf seinen Händen und die Antworten redete er wie ein Computer herunter.
„Kevin, ich habe bemerkt, dass du dich in der letzten Zeit sehr verändert hast."
Er antwortete nicht.
„Wenn du mit mir redest, kann ich dir vielleicht helfen. Es gibt immer Möglichkeiten…"
„War es das jetzt?", fragte Kevin und stand auf.
Er hielt es nicht länger aus, sich diese leeren Phrasen anzuhören.

Seufzend stand Herr Preist ebenfalls auf und nahm seine Tasche. Er hatte versucht, zu ihm durchzudringen, aber es war ihm nicht gelungen.

„Ja, du kannst gehen, aber wenn du ein Problem hast, kannst du immer zu mir kommen", sagte er, während sie zur Tür gingen.

Kevin antwortete nicht, sondern öffnete sie stumm. Er erschrak leicht, als im Flur Patrick, Dennis und Sascha waren. Offensichtlich hatten sie auf ihn gewartet.

„Wollt ihr zu mir?", fragte Herr Preist, als er die drei bemerkte.

Patrick atmete erleichtert auf. Offensichtlich hatte Kevin nichts erzählt, sonst hätte Herr Preist nicht so locker reagiert.

„Nein, wir wollten noch mit Kevin reden", antwortete er.

„Okay, dann bis morgen!"

Herr Preist hob die Hand, um zu winken, und ging durch die Tür nach draußen. Sobald er weg war, drückte Patrick Kevin gegen die Wand und sah ihn böse an. Kevins Puls beschleunigte sich, er versuchte, nicht zu zeigen, wie viel Angst er hatte.

„Was wollte er?", fragte Patrick. „Und wehe, du lügst mich an!"

„Es ging um meine Noten", antwortete Kevin.

Er versuchte, möglichst glaubhaft zu wirken, aber so, wie er von Patrick gegen die Wand gedrückt wurde, würde wohl jeder glauben, dass seine Panik daher kam und nicht davon, dass er log.

„Stimmt das?", fragte Patrick und drückte noch etwas fester zu.

Kevin nickte eifrig.

„Er hat gesagt, dass ich…" Er schnappte nach Luft. „… mündlich schwächer geworden bin."

„Und was für einen Grund hast du genannt?"

„Meine Eltern."

Patrick sah ihm in die Augen und versuchte, daraus zu lesen, ob er log. Kevin sah tapfer zurück und hoffte, er würde bald von ihm ablassen. Als sich schließlich ein breites Lächeln auf Patricks Gesicht ausbreitete, atmete Kevin erleichtert auf. Er hatte es wohl geschluckt.

„Braver Junge", sagte Patrick und klopfte ihm auf die blonden Haare.

Dann griff er fester hinein und zog Kevin ruppig zu den Spinden. Dieser zog scharf die Luft ein und versuchte, trotz der Schmerzen keinen Laut von sich zu geben.

„Bin ich nicht ein netter Typ? Sieh doch mal, wie ich deinen Spind verschönert habe! Gefällt es dir?"

„Ja", brachte Kevin unter Schmerzen hervor.

„Jetzt kann jeder sehen, was für ein krankes und ekelhaftes Stück Scheiße du bist. Toll, oder?", fragte Patrick lachend.

„Ja", flüsterte Kevin.

Endlich ließ Patrick seine Haare los.

„Guter Junge", sagte er und schubste Kevin noch einmal kräftig, sodass dieser auf den Boden fiel. Während die drei ihn auslachten, rappelte er sich auf, schnappte seine Tasche und ging nach draußen. Sie ließen ihn glücklicherweise gehen.

*

Kevin atmete erleichtert durch, als er feststellte, dass er es geschafft hatte. Jetzt konnte er nach Hause gehen und einen entspannten Abend alleine in seinem Zimmer verbringen. Zwar tat ihm sein Kopf etwas weh, aber da war Patrick immer noch sehr nett gewesen. Auch das Gespräch mit Herrn Preist war gut gelaufen. Er hatte zumindest nichts Falsches gesagt. Vielleicht hätte er insgesamt ein bisschen mehr sagen sollen, damit sein Lehrer ihm mehr glaubte, aber so war es okay gewesen.
„Kevin!"
Er zuckte zusammen und drehte sich um. Er hatte gerade das Schulgebäude verlassen, da kam Tom zu ihm gelaufen. Kevin verdrehte die Augen. Er hatte keine Lust, mit ihm zu reden.
„Ich habe doch gesagt, dass ich draußen auf dich warte", sagte Tom, sobald er neben ihm war.
„Und ich habe dir gesagt, dass du mich in Ruhe lassen sollst", erwiderte Kevin und ging weiter. Tom ging einfach neben ihm her.
„Was wollte Herr Preist von dir?"
Er schwieg.
„Kevin, was soll das? Sind wir jetzt im Kindergarten oder was? Rede mit mir!", forderte Tom.
Kevin seufzte. Er hatte Recht. Es war albern, nicht mit ihm zu reden.
„Er wollte wissen, wer das mit meinem Schließfach war."
„Und hast du es ihm gesagt?"

„Natürlich nicht!", sagte Kevin und lachte vor Empörung.
Allein die Vorstellung, es Herrn Preist zu erzählen, jagte ihm eine Heidenangst ein.
„Vielleicht kann er dir helfen", erwiderte Tom gelassen. „Er würde nur dafür sorgen, dass Patrick mich noch mehr hasst. Dann tut er mir noch viel schlimmere Dinge an als das mit dem Schließfach."
Für einige Sekunden gingen sie schweigend nebeneinander her. Tom verstand Kevins Angst und wusste nicht, wie er ihn dazu bringen sollte, sich doch seinem Lehrer anzuvertrauen. Er selbst hatte aber auch zu große Angst, um petzen zu gehen. Außerdem musste Kevin es auch wollen, ansonsten würde er ihn hintergehen und das wollte er erst recht nicht.
„Und wie geht es dir damit?", fragte Tom.
Kevin atmete tief durch. Darüber hatte er bisher gar nicht nachgedacht. Seine Gedanken drehten sich eigentlich nur um Tom und seine Gefühle für ihn.
„Es wird mich jetzt immer wieder daran erinnern, wenn ich ans Schließfach gehe", antwortete Kevin.
„Aber du musst dich nicht dafür schämen. Es muss dir nicht peinlich sein. Lass dir das nicht einreden!", sagte Tom. „Sei lieber stolz darauf, dass du selbstbewusst genug bist, dazu zu stehen."
Kevin sagte nichts. War er das überhaupt? Eigentlich hatte er es keinem erzählt außer Dennis. Alle wussten davon, aber das wollte er doch eigentlich gar nicht!
„Und denk immer daran, dass du nicht alleine bist", fügte Tom hinzu.

Er legte eine Hand auf Kevins Schulter, um ihn zum Anhalten zu bringen, und umarmte ihn liebevoll. Es tat so gut, den kleinen Blondschopf in seiner Nähe zu haben, dass er ihn am liebsten nie wieder loslassen würde, aber Kevin wollte das nicht. Ihm wurde diese Umarmung schon zu viel, sodass er Tom von sich wegdrückte.

„Lass das!", sagte er.

Unsicher verschränkte er die Arme vor der Brust. Wie sollte er seine Gefühle unter Kontrolle kriegen und Tom vergessen, wenn dieser ihm so nahe kam?

„Ich möchte das nicht! Halt dich einfach von mir fern!", sagte Kevin.

Er versuchte, ernst und bestimmt zu klingen, dabei war er eigentlich nur unsicher und verletzlich. Bevor Tom ihm noch ein schlechtes Gewissen machen konnte, ging er mit schnellen Schritten nach Hause. Tom sah ihm nur seufzend hinterher. Er musste etwas unternehmen, denn unabhängig davon, dass er Kevin nicht verlieren wollte, merkte er, wie Kevin unter seinen Gefühlen litt, dabei war das völlig unsinnig.

*

Zu Kevins Freude und Leid wurde seine Erkältung schlimmer. Auf der einen Seite fühlte er sich wirklich schlecht und hasste es, so antriebslos und krank zu sein. Auf der anderen Seite begrüßte er den Gedanken, den Rest der Woche nicht mehr in die Schule zu müssen und weder Patrick noch Tom über den Weg zu

laufen. Auf beide konnte er momentan wirklich verzichten.
Bei ihnen war das allerdings anders. Beide hätten sich gewünscht, dass Kevin in die Schule kam, auch wenn ihre Beweggründe doch sehr unterschiedlich waren.
Am Freitag hatte sich Patrick etwas überlegt, um seinen alten Kumpel doch wiederzusehen. In (einer) der fünfminütigen Pause ging er zu Toms Platz, um mit ihm darüber zu reden. Tom machte verwundert sein Handy aus, als Patrick vor ihm stand.
„Vermisst du ihn auch so wie ich?", fragte Patrick und sah auf Kevins leeren Stuhl.
Natürlich vermisste Tom Kevin, aber sein Vermissen war ein anderes als Patricks. Während er sich nach seiner Stimme, seinen Augen und seiner Nähe sehnte, sehnte Patrick sich nur nach der Schadenfreude, die er verspürte, wenn er ihn leiden ließ.
„Wir wollen ihm nach der Schule einen kleinen Besuch abstatten. Kommst du mit?", fragte Patrick und sah ihn grinsend an.
Tom seufzte.
„Ich habe dir doch schon gesagt, dass ich damit nichts zu tun haben möchte", sagte er.
Patrick hob abwehrend die Hände.
„Wir wollen ihn nur besuchen! Nichts Schlimmes, versprochen!"
„Na gut, dann…"
Wenn er mitkam, konnte er Kevin helfen, ihn unterstützen. Er konnte Patrick auf sein Versprechen festnageln. Wenn Tom nicht mitkam, konnte er sich nicht sicher sein, dass er Kevin in Ruhe lassen würde.

Er musste also wohl oder übel mitkommen, um auf Kevin aufzupassen.
„Kommst du mit?", fragte Patrick noch einmal.
„Okay, dann komme ich mit."
„Cool, ich freue mich! Nach der letzten Stunde geht es los!"
Lächelnd verzog er sich wieder an seinen Platz. Tom sah unsicher auf seine Finger. Wenn Patrick nichts Schlimmes vorhatte, warum wollte er dann Kevin besuchen gehen? Er hatte doch bestimmt nichts Gutes im Sinn, aber das würde er schon früh genug herausfinden.

*

„Oh, was freue ich mich, dass wir unseren lieben Freund jetzt besuchen gehen!", sagte Patrick, als sie sich auf den Weg zu Kevin machten.
Er ging neben Dennis und Sascha einige Meter vor Tom, der mit mulmigem Gefühl hinterhertrottete. Obwohl Patrick versprochen hatte, Kevin nichts Schlimmes anzutun, war er unsicher, ob er ihm vertrauen konnte. Außerdem musste er sich überlegen, wie er aus seiner Lage herauskam, ohne Kevin wehzutun und ohne dass Patrick wütend auf ihn wurde.
Dennis drehte um und ging zu Tom. Sascha und Patrick gingen einfach weiter.
„Alles klar bei dir?", fragte Dennis.
Tom nickte.
„Klar. Und bei dir?"

„Bestens."
Sie schwiegen sich ein paar Schritte lang an. Die Stille war unangenehm und keiner wagte es, den Blick vom Boden zu lösen. Tom hatte keine Lust, sich mit Dennis zu unterhalten. Er war in seinen Augen nur ein Mitläufer, der nicht den Mut aufbrachte, sich Patrick zu widersetzen. Armselig.
„Ich habe ihn damals verraten", erzählte Dennis plötzlich.
Tom hatte das schon gewusst, aber er sagte nichts dazu, sondern sah nur kurz überrascht zu Dennis auf.
„Er hat mir im Vertrauen erzählt, dass er sich zu Männern hingezogen fühlt… Er hat sich bei mir ausgeheult, weil er Angst hatte. Tja… Das hat er jetzt davon."
Er lächelte leicht, aber Tom spürte, wie unangenehm es ihm war. Für einen Moment hatte er das Gefühl, dass Dennis ein schlechtes Gewissen hatte. Vielleicht war dieser Holzklotz doch noch in der Lage, Empathie zu verspüren. Wenn es auch nur für diesen kurzen Moment war, dass es ihm leid tat, was er getan hatte, dann freute Tom das bereits und er wollte es nutzen.
„Er hat dir vertraut", sagte er ernst. „Er hat dir so etwas Wichtiges und Persönliches anvertraut… und du hast ihn verraten."
Dennis sah auf den Boden und kratzte sich am Hinterkopf. Er versuchte, dieses unangenehme Gefühl zu vertreiben und reagierte mit Wut.
„Ach, lass mich doch in Ruhe! Es war richtig, Patrick darüber zu informieren! Er entscheidet alles Weitere!

Hör auf, mir irgendetwas einreden zu wollen!", sagte er.
Tom verstand, dass Dennis noch nicht in der Lage war, sich einzugestehen, einen Fehler begangen zu haben. Er wollte es nicht wahrhaben und da brachte es nichts, ihn weiter bekehren zu wollen. Mit negativen Gefühlen umzugehen, musste gelernt sein, aber zumindest blieb Tom die Hoffnung, dass Dennis nicht gänzlich kaltherzig war.
Patrick und Sascha hatten glücklicherweise nichts von ihrer kleinen Auseinandersetzung mitbekommen. Sie lachten einige Meter vor ihnen gerade über irgendeinen dummen Witz, den Sascha gemacht hatte.
„Wie du meinst", sagte Tom, ohne ihn anzusehen.
„Geh doch zu Patrick und petz ihm, was ich gesagt habe."
Jetzt drehte er seinen Kopf und sah Dennis an. Dieser sah unsicher von Tom zu Patrick und wieder zurück. Dann ging sein Blick schuldbewusst Richtung Boden.
„Nein", antwortete er und seufzte. „Du hast ja Recht. Er war mein Freund und ich habe ihn verraten."
Tom war überrascht von der plötzlichen Einsicht und runzelte die Stirn.
„Findest du, dass er das verdient hat?", fragte er.
Dennis schüttelte den Kopf.
„Schätze nicht", murmelte er. „Anfangs war es noch lustig und ja, es hat ganz gut getan, seinen Frust an ihm auszulassen und einfach mal zuzuschlagen, aber jetzt ist es so… Ach, keine Ahnung! Ich habe auch keine Lust, darüber nachzudenken!"
Wieder blockte er ab.

„Aber es beschäftigt dich", erwiderte Tom.
„Mehr, seit du da bist, ehrlich gesagt."
„Warum?"
„Ich habe mir zum ersten mal Gedanken darüber gemacht, wie das für einen Außenstehenden aussehen muss. Vorher steckte ich einfach so tief drinnen."
Tom sah wieder auf den Boden.
„Wirst du jetzt irgendetwas ändern?"
„Nein", sagte Dennis und lachte leicht. „Ich bin viel zu faul, um etwas zu ändern. Außerdem ist es doch geil, dass er die Hausaufgaben für uns macht und so!"
Tom schüttelte einfach den Kopf und ging weiter. Faulheit. Das war der Grund, warum keiner Kevin aus seiner misslichen Lage half. Faulheit und ein bisschen Angst davor, ebenfalls ausgeschlossen zu werden.
Dass Dennis anscheinend sein Verhalten reflektierte, freute Tom zwar, aber es half keinem weiter, solange sein Fazit nichts an seinem Verhalten änderte. Das war furchtbar schade.
„Da ist es!", sagte Sascha plötzlich und zeigte auf Kevins Haus.
Dass Tom längst wusste, wo Kevin wohnte, verschwieg er gekonnt.
„Seine Eltern arbeiten sehr viel, damit sie sich das leisten können. Früher hat er immer darüber geheult", erzählte Patrick und lachte. „Wahrscheinlich sind sie nicht zu Hause."
Sie gingen zur Haustür. Tom stellte sich ganz nach hinten, während Patrick natürlich ganz vorne stand. Er legte einen Finger an die Lippen, um den anderen zu zeigen, sie sollen leise sein, und klingelte. Tom hoffte,

Kevin würde durch den Spion gucken oder einfach nicht öffnen, aber Patrick würde sowieso nicht lockerlassen, bis er drinnen war.

Höflich, wie Kevin war, öffnete er die Tür. Er erschrak leicht, als er seine ehemaligen Freunde davor sah, sagte aber nichts.

„Hallo, Kevin", sagte Patrick mit seinem psychopathischen Grinsen.

Er schob den kleinen Blondschopf zur Seite und ging ins Haus. Kevin konnte gar nichts dagegen tun, da schoben sich die anderen schon an ihm vorbei. Als er Tom sah, blickten sie sich einen Moment in die Augen. Kevins Herz klopfte sofort schneller und Tom merkte, dass es ihm ähnlich ging. Was machte er nur mit Patrick zusammen bei ihm zu Hause?

Kevin hatte Angst, weil er nicht wusste, was sie vorhatten. Er freute sich zwar irgendwie, Tom zu sehen, aber das war erst einmal nebensächlich.

Unsicher folgte er seinem Besuch, der selbstbewusst ins Wohnzimmer ging und sich aufs Sofa setzte.

„Du warst die letzten Tage nicht in der Schule und wir haben dich so vermisst, dass wir gedacht haben, wir kommen dich besuchen", erzählte Dennis.

Während er, Patrick und Sascha auf den Sofas saßen, standen Kevin und Tom unsicher im Raum.

„Setz dich hin!", sagte Patrick zu Tom und klopfte mit der Hand neben sich auf das Sofa.

Tom setzte sich neben ihn und sah zu Kevin, der ihn dabei beobachtet hatte. Patrick legte einen Arm um Tom und die andere Hand auf seine Brust. Mit seinem Gesicht kam er ganz nahe an Toms. Tom konnte kaum

reagieren und sah nur zu Kevin, der versuchte, nicht zu zeigen, wie schlecht ihm wurde.
„Na, gefällt dir das, wenn Männer sich so anfassen?", fragte Patrick lachend.
Kevin sah weiterhin nur zu Tom. Wusste Patrick etwas von seinen Gefühlen? Hatte Anastasia es weitererzählt? Unabhängig davon hatte Kevin das Gefühl, dass Tom alles in seinen Augen sehen konnte, so wie er ihn ansah.
Patrick nahm lachend seine Hände von Tom.
„Stell dir nur mal vor, wie der abgehen würde, wenn wir uns küssen würden!", sagte er.
„Äh..."
„Nur ein Spaß!", meinte Patrick. Er lachte und Dennis und Sascha stimmten mit ein. „Aber jetzt sag doch mal, Kevin: Gefällt es dir, wenn wir uns so berühren?"
Kevin antwortete nicht. Er fühlte sich nur unwohl dabei, seine Peiniger in seinem Zuhause, seinem sicheren Ort, zu haben.
„Ich glaube, das macht ihn richtig scharf", sagte Sascha lachend.
Patrick stand auf und rieb sich die Hände.
„Patrick", sagte Tom und sah ihn mit mahnendem Blick an.
Er hatte ihm versprochen, dass sie Kevin nichts antun würden, also sollte er sich auch daran halten.
„Ja, ja, schon gut", meinte er nur und ging von dem Sofa weg.
„Was?", fragte Kevin verwirrt.
„Ich musste unserem Frischling versprechen, dass wir heute nichts Schlimmes machen, sonst wäre er nicht

mitgekommen", erklärte Patrick und verdrehte die Augen.
Kevin hatte das Gefühl, sein Herz würde eine Sekunde aussetzen. Er sah zu Tom, der ihn kurz anlächelte.
Dass er so etwas Nettes für ihn tun würde, hatte Kevin nicht erwartet. Er verliebte sich gleich noch etwas mehr in ihn.
„Ich hole mir mal etwas zu trinken", sagte Patrick. „Kommt ihr mit?"
Dennis und Sascha standen auf und folgten ihm in die Küche. Da sie früher schon mit Kevin befreundet gewesen waren, kannten sie sich immer noch bestens aus.
„Ich habe ein ganz mieses Gefühl bei ihm…", flüsterte Patrick, als sie die Küche betraten. „Hat er dir etwas gesagt?"
Er sah erwartungsvoll zu Dennis, doch dieser schüttelte den Kopf.
„Er ist auf jeden Fall auf Kevins Seite, aber ich weiß nicht, ob er etwas gegen uns vorhat. Er hat zu wenig gesagt. Ich weiß es nicht."
„Dann machen wir es wie bei Jonas", schlug Sascha vor.
Patrick schüttelte den Kopf und sah nachdenklich auf den Boden.
„Ich habe *wirklich* ein schlechtes Gefühl bei ihm", wiederholte er.
„Soll ich noch weiter versuchen, etwas aus ihm herauszubekommen?", fragte Dennis.
„Das bringt nichts."
„Sollen wir ihn beobachten?", fragte Sascha.

Patrick zuckte mit den Schultern.

„Ich weiß nicht, ob das reicht, aber es schadet sicher nicht, ihn ein wenig im Auge zu behalten."

7.

Während die drei in der Küche miteinander redeten, waren Tom und Kevin alleine im Wohnzimmer. Am liebsten hätten sie sich unterhalten, aber sie wussten nicht, wann die anderen zurückkamen, deswegen wollten sie lieber nichts sagen, was sie misstrauisch machen würde. Außerdem wollte Kevin sich eigentlich weiterhin von Tom fernhalten, aber er fürchtete, das würde ihm nicht länger gelingen. Die letzten drei Tage hatte er ihn so schrecklich vermisst, dass er sich eigentlich nur danach sehnte, ihn in den Arm zu nehmen.
„Bleibst du noch bei mir, wenn sie gegangen sind?", fragte Kevin nach einiger Zeit der Stille.
Er knetete nervös seine Hände und hoffte, Tom würde zusagen.
„Natürlich", antwortete Tom lächelnd.
Er freute sich, dass der kleine Blondschopf ihn wieder in seiner Nähe haben wollte.
Beide lächelten sich an, als die anderen drei wieder das Wohnzimmer betraten. Sie bemerkten nicht, wie glücklich die beiden gerade waren, und setzten sich stumm wieder aufs Sofa.
„Na, dann… Wollen wir mal!", sagte Patrick und klatschte in die Hände. „Kevin, komm mal her!"
Angsterfüllt ging er zu ihm und schluckte. Hoffentlich würde es nicht zu sehr wehtun.
„Geh auf die Knie und Hände!", forderte Patrick und Kevin gehorchte unsicher.

Alle sahen gespannt zu, wie es weitergehen würde, aber es passierte nichts Spektakuläres. Patrick legte seine Füße auf Kevins Rücken, als wäre er ein Hocker, und seufzte entspannt.
Tom war unsicher, wie er reagieren sollte. Eigentlich wollte er nicht dabei zusehen, wie Patrick Kevin behandelte, aber konnte er sich ihm wirklich in den Weg stellen? Was er nicht wusste, war, dass genau Patricks Intention gewesen war: Er wollte wissen, ob Tom auch einer von denen war, die stumm zusahen und es zuließen. Er musste Tom testen und seine Grenzen ausreizen.
„Patrick…", sagte er vorsichtig.
„Was? Ach, komm schon! Findest du das schlimm?"
Tom beschloss, lieber nicht ehrlich darauf zu antworten. Klar, er tat Kevin damit physisch nicht weh, aber es war super demütigend, auf dem Boden zu hocken und als Fußabtreter zu dienen. Das wollte er seinem Freund eigentlich ersparen, aber er entschied trotzdem, sich Patrick vorerst nicht in den Weg zu stellen. Das war wohl das Klügste.
„Mach mal ein paar Fotos!", sagte Patrick zu Dennis, der nun sein Handy zückte und ein paar nette Bilder machte, die schon bald in der ganzen Klasse herumgeschickt werden würden.
Tom sah stumm zu.
„So, reicht! Ich will nach Hause!", sagte Patrick schließlich und stand auf.
Erleichterung machte sich bei Kevin und Tom breit.
„Ich meine, wir kennen deine Adresse und wenn wir Lust darauf haben, können wir dich doch immer

besuchen kommen", fügte er hinzu und grinste Kevin finster an. „Jederzeit."
Kevin schluckte. Jetzt war er nicht einmal mehr zu Hause sicher. Er würde sich nie wieder entspannen können, weil er sich nie sicher sein konnte, dass Patrick nicht spontan vorbeikam. Ihm würde er alles zutrauen.
„Bis spätestens Montag, aber vielleicht sehen wir uns ja schon früher wieder", sagte Patrick und ging Richtung Tür.
Dennis und Sascha folgten ihm. Auch Tom ging widerwillig mit nach draußen. Die anderen durften nicht mitbekommen, dass er noch bei Kevin blieb.
„Und? War das jetzt so schlimm?", fragte Patrick. „War doch eigentlich ganz lustig, oder?"
Tom zog die Tür zu und zuckte mit den Schultern.
„Ja, geht so."
Er konnte einfach nicht lügen, ihm hatte das keinen Spaß gemacht.
„Na ja, gut, bis Montag", sagte Dennis und verabschiedete Tom mit einem Handschlag.
Auch Sascha und Patrick verabschiedeten sich von ihm und gingen in eine andere Richtung als Tom. Eigentlich musste er in die gleiche Richtung, aber er wartete ohnehin nur hinter der nächsten Ecke, bis sie aus der Sichtweite waren. Sicher war es riskant und er hätte länger warten sollen, falls sie zurückkamen, aber er konnte es kaum abwarten, Kevin wiederzusehen, deswegen lief er schnellstmöglich zu seinem Haus zurück.

*

Kevin hatte direkt an der Tür gewartet und als es klingelte, öffnete er sie und nahm Tom in den Arm. Obwohl er zuerst überrascht war, erwiderte Tom die Umarmung sofort und schloss die Augen. Er löste sich von Kevin und schob ihn wieder ins Wohnzimmer.
„Das ist furchtbar", sagte Kevin. „Jetzt fängt es auch zu Hause schon an! Nirgendwo habe ich meine Ruhe!" Er setzte sich auf das Sofa und legte verzweifelt den Kopf in die Hände.
„Du solltest es deinen Eltern erzählen", erwiderte Tom und setzte sich ebenfalls.
„Das kann ich nicht!", sagte Kevin sofort und schüttelte eifrig den Kopf. „Ich habe viel zu große Angst, dass sie es nicht verstehen!"
„Aber irgendwann wirst du es ihnen erzählen müssen oder willst du es dein ganzes Leben lang verheimlichen?"
„Natürlich nicht… Ach, du verstehst das nicht! Du hast doch keine Ahnung, wie sich das anfühlt!", sagte Kevin.
Tom seufzte. Doch, die hatte er und im Gegensatz zu Kevin hatte er es noch nie geschafft, irgendjemandem von seiner Homosexualität zu erzählen. Er fand es schon bewundernswert, dass Kevin es Dennis erzählt hatte. Nach dieser Enttäuschung war es für ihn bestimmt noch schwieriger, es anderen zu erzählen.
„Ich habe Angst", sagte Kevin.
„Vor der Reaktion deiner Eltern?", fragte Tom.

„Auch. Aber am meisten fürchte ich mich gerade davor, dass Patrick mich dieses Wochenende besucht. Ich bin ganz alleine hier", erzählte Kevin.
„Was ist mit deinen Eltern?"
„Sie fahren heute zu meiner Tante nach Bayern."
„Fahr doch einfach mit!", schlug Tom vor.
Kevin schüttelte den Kopf.
„Weißt du, wie lange ich gebraucht habe, um sie zu überreden, mich alleine zu Hause zu lassen? Da kann ich jetzt nicht sagen, dass ich mitfahren möchte!"
Tom seufzte und zuckte mit den Schultern.
„Dann bleibe ich halt bei dir", sagte er beiläufig.
Kevin sah ihn mit großen Augen an.
„Das würdest du für mich tun?"
Tom lachte.
„Klar, du bist doch mein Freund."
„Oh, danke!"
Kevin stand auf und ging auf Tom zu. Dieser stand ebenfalls auf und sie umarmten sich ein weiteres Mal an diesem Tag. Kevin drückte sein Gesicht in Toms Schulter und ließ sich von ihm halten.
„Zum ersten Mal seit langer Zeit habe ich das Gefühl, nicht alleine zu sein", sagte er und löste sich ein Stück, um Tom anzusehen.
Ihm so nahe zu sein fühlte sich einerseits gut an, aber da war wieder dieses beklemmende Gefühl, weil er in ihn verliebt war und genau wusste, dass nichts aus ihnen werden würde. Tom fühlte sich zum ersten Mal ebenfalls unwohl, aber aus einem anderen Grund. Er hatte das Gefühl, nicht ehrlich zu Kevin zu sein, indem er ihm verschwieg, dass er auch schwul war. Dabei

wollte er es ihm sagen, er brachte es nur nicht über sich.
Vorsichtig schob er Kevin von sich und sah auf den Boden. Kevin missverstand ihn leider.
„Was ist los?", fragte er.
„Nichts", antwortete Tom und versuchte, einigermaßen glaubhaft zu lächeln. „Ich habe nur gerade daran gedacht, dass ich erst einmal meine Mutter überreden muss, dass sie mich hier schlafen lässt."
Insgeheim nahm er sich vor, Kevin dieses Wochenende auf jeden Fall die Wahrheit zu sagen.
„Stimmt, ich frage meine Eltern auch noch, aber sie haben bestimmt nichts dagegen, wenn du mir Gesellschaft leistest."
Er legte sich nachdenklich einen Finger an die Lippen.
„Okay, dann sollte ich langsam nach Hause fahren und meine Sachen packen. Soll ich heute schon wieder zu dir kommen oder erst morgen?", fragte Tom.
Kevin schmunzelte.
„Also… mir wäre es am liebsten, wenn du heute schon wiederkommst, aber wenn du erst morgen darfst, ist das auch okay."
Tom lachte.
„Na gut, ich gucke mal und schreibe dir. Bis dann!", sagte er und nahm Kevin in den Arm.
„Bis dann", erwiderte dieser leise.
Tom ging zur Tür und verließ das Haus. Kevin sah ihm kurz nach, dann fing er an, alles für das Wochenende zu planen und sah zuerst nach, was sie noch alles zum Essen hatten. Er musste auf jeden Fall

noch Snacks einkaufen und Getränke. Alles sollte perfekt werden, wenn Tom bei ihm übernachtete.

*

Seine Mutter erlaubte Tom, erst Samstag zu Kevin zu fahren und dann bis Sonntagabend bei ihm zu bleiben. Es kam ihm eigentlich ganz gelegen, denn so hatte er noch einen Tag, um sich zu überlegen, wie er es Kevin sagen sollte. Auch Kevin freute sich über diesen freien Tag, denn so hatte er genug Zeit, alles vorzubereiten. Samstagvormittag stand Tom mit seiner Tasche vor Kevins Haustür und klingelte. So nervös wie jetzt war er ewig nicht mehr gewesen, dabei hatte er keinen Grund dazu. Mit Kevin war es eigentlich immer entspannt gewesen. Er musste vor nichts Angst haben.
„Hey", sagte Kevin, als er die Tür geöffnet hatte, und begrüßte seinen Freund.
„Hey", erwiderte Tom und atmete tief durch.
Es war alles gut. Er hatte keinen Grund, nervös zu sein. Kevin trat einen Schritt zur Seite und Tom ging an ihm vorbei ins Haus. Er stellte seine Tasche im Flur ab und zog seine Schuhe aus. Kevin sah ihm stumm dabei zu. Er freute sich, seinen Freund bei sich zu haben, aber es machte ihn auch nervös, weil er seine Gefühle immer noch nicht im Griff hatte.
„Wie geht es dir?", fragte Tom.
„Besser, jetzt da ich nicht mehr so alleine bin", antwortete Kevin.

Er ging voraus in die Küche und Tom folgte ihm. Auf der Theke hatte er all die Snacks ausgebreitet, die er gekauft hatte.
„Das ist alles für uns", sagte er und deutete stolz auf seinen Einkauf.
Tom lachte.
„Ist das nicht ein bisschen viel? Wer soll das denn alles essen?"
Kevin zuckte mit den Schultern.
„Ich wollte, dass wir ein bisschen Auswahl haben."
„Das hast du geschafft." Tom setzte sich auf einen Stuhl. „Eine Sache würde mich aber noch interessieren."
Kevin holte gerade zwei Gläser aus dem Schrank und stellte sie auf den Tisch.
„Was denn?"
„Warum willst du plötzlich doch wieder Kontakt zu mir?"
Er hielt in der Bewegung inne und sah Tom ernst an. Dann schluckte er und räusperte sich.
„Ich bin nicht so gern alleine."
„Aber warum wolltest du dich überhaupt von mir fernhalten?", fragte Tom weiter.
„Ich war ein Idiot, okay? Können wir das nicht einfach vergessen?"
Kevin nahm eine Wasserflasche von der Theke und goss sich etwas ein.
„Wie du willst…", murmelte Tom. „Ich meine nur, wenn es etwas gibt, worüber du reden willst…"
„Dann würde ich es schon tun", unterbrach Kevin ihn. „Lass uns einfach das Thema wechseln!"

Tom machte eine einladende Geste.
„Schlag etwas vor!"
Kevin grinste.
„Wie wäre es, wenn wir einfach in mein Zimmer gehen und Videospiele spielen?"
„Bin dabei!"

*

Bis zum Abend spielten sie in Kevins Zimmer Videospiele, aßen Chips und tranken Cola. Pause machten sie nur, um zur Toilette zu gehen oder sich Nachschub zu holen. Auch wenn sie viel lachten und Spaß daran hatten, waren sie nach einigen Stunden auch müde und erschöpft. Das ständige Starren auf den Bildschirm verursachte schon leichte Kopfschmerzen bei Tom, der länger nicht gespielt hatte. Kevin schien damit weniger Probleme zu haben.
„Ey, du hast doch seit dem letzten Mal heimlich geübt!", sagte Tom, nachdem er schon wieder ein Spiel verloren hatte.
Kevin lachte sein einzigartiges, herzliches Lachen.
„Ja, klar! Jeden Tag, ich habe doch keine Freunde, wie du weißt!"
Obwohl es ein Scherz war und Kevin selbst darüber lachte, wurde Tom mulmig im Bauch. War es Kevin wirklich so egal, dass er von seinen Mitschülern ausgeschlossen wurde und alleine zu Hause Videospiele spielte, anstatt sich mit Freunden zu treffen? Vermutlich nicht, aber Tom bewunderte, wie gut Kevin damit umging.

„Ich denke, das reicht für heute, oder?", fragte Tom und streckte sich.
Kevin gähnte.
„Ja, wir sollten langsam schlafen gehen. Du kannst in meinem Bett schlafen. Ich gehe natürlich auf die Couch", sagte er.
Tom wusste nicht genau, was er erwartet hatte, aber es enttäuschte ihn. Die Vorstellung, mit Kevin in einem Bett zu schlafen, gefiel ihm eigentlich ganz gut und auch Kevin würde damit bestimmt kein Problem haben, aber er sagte nichts dazu, sondern stand nur auf und ging ins Bad.
Als er wieder ins Zimmer kam, hatte Kevin sich eine Jogginghose und ein lockeres T-Shirt zum Schlafen angezogen. Er wusste gar nicht, wie süß Tom ihn darin fand. Während Kevin ins Bad ging, holte Tom noch einen Moment sein Handy raus und checkte seine Nachrichten. Patrick hatte ihm die Fotos geschickt, in denen er Kevin als Hocker benutzte. Tom löschte sie kommentarlos.
Er legte sich ins Bett und deckte sich zu. Das Bett war auf jeden Fall groß genug für sie beide. Es gab keinen Grund für Kevin, auf dem Sofa zu schlafen. Als der Blondschopf noch einmal ins Zimmer kam, nahm er sich eine Wolldecke, die zusammengefaltet vor seinem Bett lag. Tom sah ihm stumm dabei zu.
„Ich gehe dann mal", sagte Kevin. „Gute Nacht."
„Warte!"
Er blieb stehen und drehte sich um.
„Willst du nicht hier bleiben? Das Bett ist doch groß genug für uns beide", sagte Tom lächelnd.

Kevin sah unsicher von Tom zur Tür und wieder zurück. War das eine gute Idee?

„Komm her jetzt!", forderte Tom lachend und rutschte zur Seite, um Kevin Platz zu machen.

Vor Aufregung lächelnd kletterte Kevin ins Bett und deckte sich zu. Er legte sich wie Tom auf die Seite, sodass sie einander ansehen konnten. Im Zimmer war es dunkel. Lediglich die kleine Nachttischlampe spendete ihnen Licht. Es war ihm nicht unangenehm, Tom so nah zu sein, Kevin genoss es viel mehr.

„Ich wollte mit dir über etwas reden", sagte Tom.

Als er seinen ernsten Blick sah, verging Kevin das Lächeln.

„Du weißt es, oder?", fragte er.

Tom nickte beschämt.

„Ich wusste, dass Anastasia es dir sagen würde", murmelte Kevin. Er drehte sich um, sodass er nun mit dem Rücken zu Tom lag. Das Ganze war ihm sehr unangenehm.

„Kevin, sei nicht so! Guck mich bitte an!", sagte Tom mit sanfter Stimme. Er legte ihm eine Hand auf die Schulter und versuchte, ihn zu sich zu drehen, aber er rührte sich nicht.

„Es tut mir leid", sagte Kevin. „Ich kann verstehen, wenn du jetzt nichts mehr mit mir zu tun haben willst."

„Ach, Blödsinn!", erwiderte Tom. „Ich meine es ernst. Dreh dich um und lass uns reden wie erwachsene Menschen."

Er überlegte eine Sekunde, dann drehte Kevin sich um und sah Tom wieder an. Es fiel ihm schwer, ihm in die Augen zu gucken, aber er bemühte sich.
„Du hast Recht. Also, was willst du mir sagen?", fragte Kevin.
Tom atmete tief durch.
„Ich wollte dir sagen, dass ich mich… gefreut habe, als Anastasia mir das gesagt hat."
Kevin rührte sich nicht.
„Du hast dich gefreut?", fragte er nach.
Tom nickte und rutschte näher an ihn heran. Er sah ihm in die Augen und lächelte.
„Ich empfinde das Gleiche für dich, Kevin", flüsterte er.
Stille. Kevin sah ihn nur ungläubig an. Er versuchte, zu verarbeiten, was er gerade gehört hatte.
„Du… was?"
Tom nickte lächelnd.
„Ja, ich habe auch Gefühle für dich", wiederholte er.
Jetzt kam die Nachricht auch langsam bei Kevin an und er fing an, breit zu grinsen.
Tom hob eine Hand und streichelte von Kevins Wange in seinen Nacken, zog ihn zu sich und vereinte ihre Lippen. Zuerst waren sie unsicher und vorsichtig und sahen sich in die Augen, aber dann schlossen sie sie und ließen ihren Gefühlen freien Lauf.
Als sie sich wieder voneinander lösten, hielt Kevin weiterhin die Augen geschlossen und atmete ruhig ein und aus.
„Das fühlt sich so schön an", flüsterte er und sah Tom nun doch an.

„Ja, oder?", antwortete dieser und lachte leise. „Willst du immer noch aufs Sofa gehen?"
Kevin schüttelte leicht den Kopf.
„Ich kann das immer noch nicht glauben."
Tom streichelte ihm mit dem Daumen über die Wange.
„Es ist aber wahr."
„Wie machen wir jetzt weiter?", fragte Kevin ernst.
Tom sah gespielt nachdenklich ins Leere.
„Keine Ahnung, was machen zwei Menschen denn, wenn sie sich lieben? Wir werden ein Paar, ziehen irgendwann zusammen, heiraten… und dann enden wir in einem netten Haus mit Kindern und Hund", erzählte er.
„Das mit den Kindern wird schwierig", erwiderte Kevin lachend.
„Wir können ja welche adoptieren", sagte Tom schulterzuckend.
Sie lächelten sich kurz an, bevor sie wieder ernst wurden.
„Nein, ernsthaft, wie machen wir jetzt weiter?", fragte Kevin.
„Lass es uns doch einfach erst einmal für uns behalten und gucken, wie das mit uns funktioniert", schlug Tom vor.
„Und wenn es nicht funktioniert?", fragte Kevin ängstlich.
„Dann trennen wir uns halt wieder."
„Okay…"
„Aber lass es uns Anastasia und Jonas erzählen."
Kevin verzog das Gesicht.

„Meinst du echt? Ich habe Angst, dass sie es weitersagt."
„Von deinen Gefühlen hat sie auch nur mir und Jonas erzählt. Ich vertraue ihr da vollkommen."
„Wenn du ihr vertraust, tue ich das auch", sagte Kevin lächelnd.
Tom wandte den Blick ab.
„Wir müssen etwas wegen Patrick tun. Es kann nicht ewig so weitergehen."
„Nein, wir können nichts tun… und ich will nicht, dass dir das Gleiche passiert."
„Aber ich kann nicht dabei zusehen, wie sie dir wehtun!" Tom legte sich auf den Rücken und sah an die Decke. „Ich will, dass es dir gut geht und du glücklich bist."
Kevin rutschte zu ihm und legte seinen Kopf an Toms Schulter.
„Ich bin glücklich, wenn du bei mir bist", sagte er lächelnd.
Auch Tom musste schmunzeln.
„Du bist süß."
Kevin rutschte von ihm weg und legte seinen Kopf auf sein Kissen.
„Lass uns schlafen. Ich bin müde."
Tom lehnte sich zu ihm und gab ihm einen kurzen Kuss auf die Wange.
„Gute Nacht. Träum schön!", sagte er.
„Du auch", erwiderte Kevin.
Er drehte sich um, um das Licht auszuschalten, und kuschelte sich danach in seine Decke. Auch Tom

atmete noch einmal tief durch und schloss seine Augen.

*

Obwohl sie müde waren, konnte keiner von beiden einschlafen. Sie machten sich viel zu viele Gedanken über ihre Beziehung und die Aufregung über ihre erste Liebe hielt sie wach. Nach einer halben Stunde lagen sie immer noch wach und fühlten ihre schneller schlagenden Herzen.
„Tom?", fragte Kevin in die Dunkelheit.
„Ja?"
„Bist du noch wach?"
„Ja."
Sie lachten leise.
„Ich kann nicht schlafen", sagte Kevin.
„Ich auch nicht."
„Warum nicht?"
„Weil ich zu sehr an dich denken muss."
Kevin hoffte, dass Tom durch die Dunkelheit nicht sehen konnte, wie er rot wurde.
„Ich bin so glücklich", flüsterte er.
„Ich auch", antwortete Tom. „Aufregend, oder? Das erste Mal verliebt zu sein… Aber wir müssen jetzt schlafen."
„Ja", antwortete Kevin. „Oder wollen wir noch ein bisschen kuscheln?"
„Okay."
Kevin rutschte zu Tom und kuschelte sich an ihn. Obwohl es anfangs noch ein bisschen seltsam war,

genossen beide es sehr und es beruhigte sie, sodass es ihnen endlich leichter fiel, einzuschlafen.

*

Tom wachte am nächsten Morgen auf, als er etwas an seiner Wange spürte. Er öffnete die Augen und sah Kevin, der ihn ansah und ihn streichelte.
„Tut mir leid, ich wollte dich nicht wecken. Ich konnte nur nicht widerstehen", sagte Kevin lächelnd.
„Schon okay", antwortete Tom.
Seufzend stand Kevin auf.
„Ich gehe kurz ins Bad und dann mache ich uns Frühstück, okay?"
„Hört sich gut an."

*

Eine halbe Stunde später saßen beide zusammen am Tisch und aßen Frühstücksbrötchen und gekochte Eier. Tom war ziemlich still. Das war er morgens immer, wenn er noch nichts im Magen hatte. Kevin war ebenfalls ruhig, aber eher, weil er versuchte, nichts falsch zu machen. Jetzt, wo es so gut lief mit Tom, wollte er es nicht ruinieren.
„Brauchst du noch etwas?", fragte er und sah sich die Sachen an, die auf dem Tisch standen.
„Nein, danke, alles perfekt", antwortete Tom. Er fand es süß, wie sich der kleine Blondschopf um ihn bemühte.
„Und wie geht es dir jetzt?", fuhr Kevin fort.

„Ich bin glücklich. Und du?"
„Ich auch."
Kevin legte sein Brötchen ab und trank einen Schluck von seinem Kakao.
„Ist das nicht krass, dass du jetzt durch mich gemerkt hast, dass du schwul bist?", fragte er.
Tom schüttelte den Kopf und schluckte sein Essen herunter.
„Das hast du falsch verstanden. Ich weiß schon ewig, dass ich schwul bin."
Kevins Lächeln verging.
„Wie bitte?"
Tom zuckte mit den Schultern.
„Ja, ich weiß es schon seit… Januar oder Februar. Irgendwann Anfang des Jahres habe ich es mir eingestanden."
Als Kevin nicht antwortete, sah er ihn an und merkte, wie ernst er geworden war.
„Was denn?", fragte Tom.
„Warum hast du mir das nicht gesagt?"
„Einfach so… Ist doch auch egal."
„Mir ist es aber nicht egal!", sagte Kevin verärgert.
Er ließ sein Essen liegen und sah zu Tom.
„Warum hast du es mir nicht erzählt?", fragte Kevin noch einmal.
„Keine Ahnung… Ich hatte halt Angst, dass du es weitererzählst. Patrick zum Beispiel", erklärte Tom beiläufig.
„Ist das dein Ernst?", fragte Kevin. „Das hast du gedacht?"
„Ach, keine Ahnung! Wo ist denn jetzt dein Problem?"

Für ihn war das keine große Sache und er konnte nicht verstehen, warum Kevin sich so aufregte.

„Ich habe gedacht, wir wären Freunde! Ich habe dir die ganze Zeit über vertraut, aber du mir anscheinend nicht!"

Tom schluckte. Das war ein guter Punkt.

„Ich habe noch nie jemandem davon erzählt. Das war nicht so leicht für mich", erklärte er.

„Aber ich bin doch selber homosexuell! Wir haben doch dieselben Ängste! Wir hätten uns die ganze Zeit helfen, zuhören und unterstützen können! Hast du daran mal gedacht? Du wusstest, wie mies es mir ging, aber dir war das egal, weil du nur an dich gedacht hast!", fuhr Kevin ihn an.

Tom sagte nichts. Er wusste nicht, was er sagen sollte. Es überraschte ihn, wie ausfallend Kevin plötzlich wurde.

„Ich mag ja sensibel und so sein, aber ich lasse nicht alles mit mir machen! Wenn du mir nicht vertraust, dann verletzt mich das", sagte Kevin.

„Ich vertraue dir", erwiderte Tom sofort.

„Jetzt, ja, aber die ganze Zeit über hast du mir nicht vertraut, obwohl es uns beiden geholfen hätte."

„Ich hatte Angst, dass du es Patrick erzählst!", wiederholte Tom noch einmal.

Kevin schüttelte den Kopf.

„Dass du mir das zugetraut hast... Anscheinend kennst du mich gar nicht."

„Sag doch so etwas nicht..."

„Ich möchte jetzt lieber alleine sein", sagte Kevin und stand auf.

„Was?"
„Iss ruhig noch auf, aber es wäre mir lieb, wenn du nach dem Frühstück gehen würdest."
Damit ließ er Tom alleine in der Küche sitzen. Dieser verstand die Welt nicht mehr. Nie hätte er gedacht, dass das für Kevin so wichtig war. Wenn er gewusst hätte, wie sehr es ihn verletzte, hätte er es ihm erzählt. Tom sah auf sein Brötchen, aber ihm war der Appetit vergangen. Er konnte jetzt nicht einfach alleine weiter essen, also stand er auf und machte sich auf den Weg in Kevins Zimmer. Er klopfte höflich an, aber von innen kam keine Antwort. Vorsichtig öffnete Tom die Tür. Kevin saß auf seinem Bett und sah ins Leere. Tom setzte sich neben ihn.
„Es tut mir leid. Ich hätte es dir früher sagen sollen."
Kevin senkte den Blick und schüttelte leicht den Kopf.
„Bis morgen", sagte er.
Tom atmete tief durch und stand auf. Vermutlich war es wirklich das Beste, das erst einmal sacken zu lassen und morgen noch einmal darüber zu reden.
Widerwillig nahm er seine Sachen und packte sie in seine Tasche. Er ging zur Zimmertür und wartete in der Hoffnung, Kevin würde ihn doch bitten, zu bleiben. Er hob allerdings nur den Kopf und sah ihn an.
„Bis morgen", sagte Tom und ging.
Auch im Flur wartete er noch einmal einige Sekunden, bevor er seufzend nach Hause ging.

*

Montag ging Tom mit gemischten Gefühlen zur Schule. Er freute sich, Kevin wiederzusehen und glaubte daran, dass sie sich versöhnen würden. Andererseits hatte er Angst vor weiteren Auseinandersetzungen und davor, dass andere etwas davon mitbekommen könnten. Er schämte sich nicht für seine Gefühle, aber es ging keinen etwas an. Lediglich Anastasia und Jonas sollten davon erfahren. Als er vor dem Klassenraum ankam, warteten schon einige seiner Mitschüler davor. Auch Kevin war unter ihnen. Tom versuchte, Blickkontakt zu ihm aufzubauen, aber Kevin sah stur auf den Boden. Am liebsten wäre Tom sofort zu ihm gelaufen und hätte ihn in den Arm genommen, aber dann würde es die halbe Klasse mitbekommen. Es sollte ihm egal sein, was die anderen dachten.
Keiner schien zu merken, wie schlecht es sowohl Tom als auch Kevin ging. Als sie sich endlich auf ihren Platz setzten, konnte Tom es nicht mehr abwarten. Er wollte wissen, was Kevin dachte, ob er ihn mittlerweile besser verstand und ob sie immer noch zusammen sein konnten.

„Können wir bitte reden?", fragte er lauter als beabsichtigt.

„Nicht jetzt", zischte Kevin zurück.

„Aber später reden wir, ja?"

Kevin verdrehte die Augen.

„Ich habe eigentlich keine Lust, mich mit dir zu unterhalten."

„Ich möchte aber mit dir reden! Es tut mir leid, okay? Ich hätte es dir sagen sollen, aber jetzt ist es zu spät. Können wir das nicht einfach vergessen?", fragte Tom.
„Alter, kannst du mich jetzt bitte mal in Ruhe lassen?", fragte Kevin lautstark.
Tom drehte sich seufzend zur Klasse und bemerkte erst jetzt, dass mehrere Schüler zu ihnen sahen und sich vermutlich wunderten, warum sie sich unterhielten. Anastasia hatte ihren Streit bemerkt und plante schon, Tom später darauf anzusprechen.
„Hast du das mitbekommen?", flüsterte Dennis zu Patrick.
„Ja", antwortete dieser nachdenklich.
„Hat eigentlich nicht so gewirkt, als würden sie sich gut verstehen", warf Sascha ein.
„Muss nicht heißen, dass das der Normalfall ist", sagte Patrick.
„Was hast du jetzt vor?", fragte Dennis.
„Wir müssen ihn auf jeden Fall im Auge behalten. Der Rest wird sich dann ergeben."

*

In der großen Pause wollte Tom am liebsten mit Kevin reden, aber er war wie immer als erster aus dem Raum und zudem kam Anastasia schon auf ihn zu.
„Gibt es etwas, das ich wissen sollte?", fragte sie, noch bevor sie aus dem Raum waren. „Es schien so, als hättest du dich mit Kevin gestritten."
Tom seufzte.
„Lange Geschichte…"

„Kriege ich die Kurzfassung?"
Er nickte und sah sich nach Jonas um. Als er ihn entdeckte, winkte er ihn zu sich.
„Was ist los?"
„Ich muss euch etwas erzählen."
Tom ging voraus auf den Schulhof und blieb erst in einer ruhigen Ecke stehen. Er knete nervös seine Finger, denn er hatte keine Ahnung, wie seine Freunde auf seine Neuigkeiten reagieren würden. Es war nicht so leicht, ihnen etwas so Persönliches zu erzählen.
„Hast du dich mit Kevin gestritten?", fragte Anastasia.
Tom nickte.
„Mach es doch nicht so auffällig! Patrick hat das mitbekommen!", sagte sie.
„Ach, der ist mir gerade so egal… Es geht nur um Kevin."
„Was war denn jetzt zwischen euch?", fragte Jonas.
Tom sah zwischen ihnen hin und her und dann seufzend auf den Boden.
„Ist nicht so einfach…", murmelte er.
„Sag es einfach!", forderte Anastasia. „Wir sind doch für dich da."
Er lockerte sich kurz, atmete durch und sagte frei heraus:
„Ich bin schwul."
Anastasia blinzelte mehrmals ungläubig und Jonas runzelte die Stirn.
„Ernsthaft?", fragte sie.
Tom biss sich auf die Unterlippe und nickte.
„Ja, und ich weiß es schon eine ganze Weile."
Jonas schüttelte leicht den Kopf.

„Krass. Hätte ich nicht erwartet."
„Aber was war jetzt mit Kevin?", fragte Anastasia.
Tom kratzte sich nervös am Hinterkopf, dabei war der nächste Teil der Geschichte etwas Schönes.
„Na ja, ich fand Kevin irgendwie… auch ganz gut", erzählte er.
Jonas sah ihn mit großen Augen an. Anastasia fing an zu grinsen.
„Du bist auch in ihn verliebt?", fragte sie.
Tom nickte und schmunzelte.
„Oh, wie süß! Das ist ja toll!", sagte sie und klatschte begeistert in die Hände. „Hast du es ihm gesagt?"
Tom nickte wieder.
„Wie hat er reagiert?", fragte sie gespannt.
„Er war glücklich… wirklich glücklich. Ja, wir haben uns geküsst und gekuschelt. Ich habe am Wochenende bei ihm übernachtet."
„Das ist unglaublich!", sagte Anastasia und schüttelte den Kopf. „Aber warum habt ihr euch gestritten?"
Toms Lächeln verging und er räusperte sich.
„Er ist wütend, weil ich ihm nie gesagt habe, dass ich schwul bin. Er denkt, ich vertraue ihm nicht", erklärte er.
„Stimmt das denn?", fragte Anastasia.
„Nein, ich vertraue ihm… Früher vielleicht nicht, da hat er Recht, aber es war nicht so einfach für mich, anderen davon zu erzählen. Ich hatte nie das Bedürfnis, mich mitzuteilen und habe es daher aufgeschoben."
„Dann sag ihm das! Mensch, ihr könnt euch doch nicht deswegen aufgeben!", meinte Anastasia.

Tom machte eine abschweifende Handbewegung. „Tun wir nicht. Kevin ist vielleicht ein bisschen verletzt, aber er wird darüber hinwegkommen. Ganz sicher."
Jonas verschränkte die Arme vor der Brust. „Ich weiß ehrlich gesagt gar nicht, was ich dazu sagen soll. Ich bin etwas überfordert", sagte er lachend. „Zu viele Informationen."
„Schon okay", meinte Tom. „So etwas hört man nicht alle Tage."
„Aber ich freue mich für euch", sagte Jonas. „Ihr kriegt das schon hin."
Anastasia stimmte ihm zu. Tom freute sich über ihre Aufmunterungen, aber das war nicht nötig. Er spürte, dass alles zwischen Kevin und ihm gut laufen würde und er sich nach einem klärenden Gespräch wieder einkriegen würde. Tom beschäftigte etwas ganz anderes.
„Ich muss irgendetwas wegen Patrick unternehmen", sagte er.
„Meinst du wirklich, das ist eine gute Idee?", fragte Jonas und sah ihn unsicher an.
Tom nickte selbstsicher.
„Ich liebe ihn und kann nicht dabei zusehen, wie er leidet."
„Wie süß…", sagte Anastasia. „Aber was willst du tun?"
Er zuckte mit den Schultern.
„Ich rede mit Patrick und sage ihm meine Meinung!"
Jonas legte ihm eine Hand auf die Schulter.

„Ich weiß… rosarote Brille und so… aber das ist keine gute Idee. Patrick zögert nicht, zuzuschlagen."
„Na, und? Dann kriegt er aber ein paar zurück!"
„Und dann? Damit ist auch keinem geholfen!"
„Jonas hat Recht", sagte Anastasia. „Ich finde es bewundernswert, dass du ihm helfen willst, aber das musst du klüger anstellen."
„Okay, was schlagt ihr vor?", fragte Tom.
Er sah ein, dass ein Gespräch mit Patrick wohl kaum Wirkung zeigen würde. Am Ende bekam er nur ein paar Schläge und Kevin vermutlich noch ein paar mehr.
„Wie wäre es, wenn du mit Herrn Preist redest?", fragte Anastasia.
„Ich soll petzen? Sehr ehrenhaft", meinte Tom.
„Also, ich finde es ehrenhaft, sich einzugestehen, dass man etwas alleine nicht schafft und Hilfe braucht. Er kann bestimmt helfen."
„Vielleicht hat er schon Erfahrungen damit oder er kann jemanden um Rat bitten, der Ahnung hat", sagte Jonas schulterzuckend.
Tom seufzte. Eigentlich wollte er selbst eine Lösung finden und keinem anderen das Problem anvertrauen, aber Anastasia hatte Recht. Alleine konnte er kaum etwas ausrichten und würde nur sich und Kevin in Gefahr bringen und das war das Letzte, was er wollte.
„Ich glaube, ihr habt Recht. Ich denke zumindest darüber nach… Jetzt muss ich erst einmal mit Kevin reden."

8.

Als das laute Klingeln durch die Schule erklang und alle Schüler darüber informierte, dass die Pause vorbei war, machten sich Tom, Anastasia und Jonas auf den Weg zum Klassenraum. Tom war froh, dass seine Freunde wie erwartet positiv auf sein Outing reagiert hatten und ihn immer noch genauso mochten wie vorher.
Doch seine Freude hielt nicht lange an, denn schon auf dem Weg zum Klassenraum begegneten sie Patrick, der sich direkt lächelnd an Tom wandte:
„Hey, du hast gerade echt was verpasst!"
Er lachte laut auf.
„War das lustig…", murmelte er.
Alle drei wussten, dass es etwas mit Kevin zu tun haben musste. Wenn Patrick dieses Grinsen auf den Lippen hatte, bedeutete das nie etwas Gutes.
„Was hast du gemacht?", fragte Tom, dabei war er sich nicht sicher, ob er die Antwort wissen wollte.
„Checkt eure Handys!", antwortete Patrick nur und hielt sein eigenes hoch.
Er lief grinsend voraus, während sie stehenblieben. Tom holte sein Handy heraus. Anastasia und Jonas sahen ebenfalls darauf. In die Klassengruppe hatte Patrick vor wenigen Minuten ein Video geschickt. Unsicher klickte Tom darauf und hielt es für sie alle sichtbar vor sich.
Darin sah man Patrick, der Kevin auf dem Schulhof gegen eine Wand drückte. Sein Knie drückte er an Kevins Schritt.

„Na, gefällt es dir, so von mir angefasst zu werden?", fragte er und lachte.

Kevin wandte den Blick ab und wimmerte leicht.

„Du stehst doch auf Männer, mh? Sag schon, gefällt es dir, so von einem Mann berührt zu werden?", fragte Patrick.

Er drückte sein Knie stärker gegen Kevins Schritt, so dass dieser vor Schmerzen das Gesicht verzog.

„Du kleine Schwuchtel…", murmelte Patrick und schubste ihn auf den Boden.

Zuerst trat er auf ihn drauf, doch dann ging er auf die Knie und schlug mit der Faust auf ihn ein. Von der Seite kam Sascha und half ihm, dem kleinen Blondschopf Schmerzen zuzufügen. Dennis filmte vermutlich. Das Video endete damit, dass er an Kevin heranzoomte, wie er weinend und vor Schmerzen gekrümmt auf dem Boden lag.

Tom schloss das Video und schluckte. Es tat ihm im Herzen weh, so etwas zu sehen.

„Wird sofort gelöscht", murmelte er.

„Nein, lass das!", sagte Jonas schnell. „Das ist Beweismaterial."

Tom nickte und machte sein Handy aus. Er strich sich durch das Gesicht und schüttelte den Kopf.

„Während wir gemütlich reden, muss er so etwas schon wieder durchmachen… Ich war nicht da, um ihn zu beschützen."

„Was hättest du tun können?", fragte Anastasia.

„Keine Ahnung, aber es fühlt sich einfach scheiße an, ihn alleine zu lassen!"

Verärgert ging Tom voraus zum Klassenraum. Sein eigener Egoismus ärgerte ihn zutiefst. Wenn jemand Kevin wehtat, tat ihm das genauso weh. So war das wohl, wenn man jemanden liebte.
Beim Raum sah er sich sofort nach Kevin um, aber er war wie erwartet nicht da. Ihr Lehrer auch noch nicht, aber das war nebensächlich für Tom. Er konnte sich denken, wo er Kevin finden konnte und lief sofort los, um ihn zu suchen. Er musste ihm dringend sagen, was ihm auf der Seele brannte, das konnte nicht warten.

*

Wie erwartet war Kevin auf der Jungentoilette und spritzte sich Wasser ins Gesicht. Er war sichtlich überrascht, als er durch den Spiegel Tom sah, der hereinkam. Ohne ein Wort zu sagen wusch er sich die Hände und atmete tief durch. Tom kratzte sich nervös im Nacken. Obwohl er so viel zu sagen hatte, fehlten ihm die Worte.
„Es tut mir leid", sagte er schließlich.
Kevin drehte sich zu ihm um und sah ihm in die Augen.
„Es tut mir leid, dass ich nicht für dich da war", sagte Tom.
„Du musst mir nicht helfen. Misch dich lieber nicht ein", erwiderte Kevin.
„Ich möchte es aber! Ich will nicht zusehen, wie du leidest. Das tut mir in der Seele weh", sagte Tom und seufzte.

Kevin lächelte leicht über diese süße Aussage. Tom ging näher an ihn heran und nahm seine Hände.
„Wie geht es dir?", fragte er.
„Ich habe Schmerzen, aber es geht schon."
„Wirklich?"
Tom sah ihn besorgt an.
„Ja, es ist nicht so schlimm."
Sanft löste Tom seine Hände von Kevins und zog dessen Oberteil hoch. Blaue Flecken zierten seinen Rücken und Bauch. Als Kevin sich selbst im Spiegel sah, wandte er den Blick ab und versuchte, die Tränen zu unterdrücken, die ihm in die Augen stiegen. Tom bemerkte seine Reaktion und streichelte ihm zärtlich über die nackte Haut.
„Zieh es aus", sagte er.
„Nein, lass das", antwortete Kevin und zog sein Shirt wieder runter.
„Komm schon, zieh es aus!", wiederholte Tom.
Obwohl Kevin den Kopf schüttelte, wehrte er sich nicht, als Tom ihm das Oberteil auszog. Trotzdem richtete er seinen Blick starr auf den Boden.
„Sieh dich an", flüsterte Tom.
Kevin schüttelte wieder den Kopf.
„Warum nicht?", fragte Tom.
„Ich hasse es, mich anzusehen."
„Warum?"
„All meine… Verletzungen erinnern mich nur daran, was für ein…" Er seufzte. „…schwaches, wertloses Opfer ich bin."
Tom stellte sich hinter ihn und drehte mit einer Hand Kevins Kopf, so dass er sich im Spiegel ansehen

musste. Die Tränen sammelten sich in seinen Augen, dadurch bemerkte Kevin nicht, wie Tom ihn von hinten umarmte.

„Weißt du, was ich sehe?", fragte Tom. „Einen starken, liebevollen, wunderschönen, jungen Mann mit einem großen Herz."

Er küsste Kevin auf die Schulter.

„Ich wünschte, ich könnte das auch sehen", antwortete Kevin.

Die Tränen liefen ihm stumm die Wange herunter und tropften auf den Boden. Er erkannte sich kaum wieder. Was hatte Patrick nur aus ihm gemacht? Früher war er so viel selbstbewusster gewesen. Jetzt konnte er sich nicht einmal im Spiegel ansehen.

„Okay, genug geweint", sagte Tom und drehte Kevin zu sich.

Er wischte ihm die Tränen von den Wangen und lächelte ihn an.

„Jetzt bin ich bei dir und helfe dir. Du bist nicht mehr alleine", sagte Tom.

Sein Lächeln verging und er sah ernst auf den Boden.

„Es tut mir leid, dass ich dir nicht früher die Wahrheit gesagt habe. Ich hatte bloß noch nie jemandem von meiner Homosexualität erzählt und es fiel mir nicht so leicht, darüber zu reden, aber du sollst wissen, dass ich dir vertraue und in Zukunft immer ehrlich zu dir sein werde."

Kevin nickte.

„Okay."

„Also, kannst du mir verzeihen?"

„Natürlich", sagte Kevin lächelnd. „Ich möchte dich nicht verlieren."
Tom reichte ihm sein Shirt, das er sich gleich überzog. Anschließend umarmten sie sich und drückten einander fest an sich.
„Ich bin froh, dich zu haben", flüsterte Tom. Kevin nickte in seinem Arm.
„Irgendwie kriegen wir das hin. Ich verspreche es dir", sagte Tom.
Leider mussten die beiden irgendwann wieder zum Unterricht. Dass sie zu spät kamen, war ihnen in diesem Moment egal, aber ihrer Lehrerin leider nicht. Schlimm genug, dass die ganze Klasse sie ansah, als sie zu zweit in den Raum kamen, aber dann fragte Frau Krüger auch noch nach, wo sie die ganze Zeit gewesen waren. Tom log, dass ihm schlecht geworden war und er frische Luft geschnappt hatte. Alle Schüler wussten wohl, dass es gelogen war, doch Frau Krüger glaubte ihnen.
Als sie auf ihren Stühlen saßen, legte Tom vorsichtig seine Hand aufs Kevins Oberschenkel. Doch dann fürchtete er, ihn zu sehr zu bedrängen und zog seine Hand wieder weg. Kevin griff jedoch danach und zog sie wieder auf sein Bein. Sie lächelten sich an und hielten die ganze Stunde unter dem Tisch Händchen.

*

Nach Schulschluss wussten Tom und Kevin, dass sie sich von einander verabschieden mussten. Eine Straße von der Schule entfernt wartete Kevin auf Tom, damit

sie sich wenigstens anständig verabschieden konnten, wenn sie sich schon den restlichen Tag nicht mehr sahen. Glücklicherweise musste er nicht allzu lange warten.
„Ich habe mich extra beeilt", sagte Tom, als er bei Kevin ankam und ihn in den Arm nahm.
„Jetzt müssen wir wohl bis morgen warten, bis wir uns wiedersehen, oder?", fragte Kevin traurig.
„Das sind doch nur…" Tom rechnete. „… 18 Stunden und acht davon wirst du schlafen."
„Dann sind das immer noch zehn Stunden, in denen ich dich vermissen werde."
Tom schmunzelte.
„Du bist so süß."
Kevin lächelte leicht und bemühte sich, nicht allzu traurig zu wirken. Tom sah sich kurz um, bevor er ihm einen kurzen Kuss auf die Lippen drückte.
„Wird das jetzt immer so sein?", fragte Kevin.
„Was meinst du?"
„Dass wir uns verstecken müssen?"
Tom seufzte nur und schwieg.
„Wir sehen uns quasi nur in der Schule und da können wir uns nicht zeigen", sagte Kevin.
„Dann müssen wir uns wohl außerhalb mehr sehen. Wie wäre es mit Mittwoch?"
„Warum nicht morgen?"
„Da haben wir Nachmittagsunterricht…"
„Okay, dann Mittwoch."
„Und was wollen wir machen?", fragte Tom.
„Wir könnten einfach zu mir gehen", schlug Kevin vor.
„Oder wir gehen in die Stadt."

Kevin sah ihn mit großen Augen an.
„Aber da können wir uns nicht zeigen."
„Warum nicht?"
„Was, wenn uns jemand sieht?", fragte Kevin ängstlich.
Tom nahm seine Hände und sah ihm in die Augen.
„Ich will uns nicht verstecken. Alle sollen sehen, wie glücklich wir sind."
„Aber… wenn das jemand Patrick erzählt."
„Das wird schon nicht passieren. Wie hoch ist die Chance, dass wir jemanden treffen, den wir kennen?"
„Zu hoch…", murmelte Kevin. „Warum willst du das denn unbedingt?"
„Ich möchte einfach nicht so tun, als hätten wir etwas zu verbergen. Ich möchte, dass wir ein ganz normales Paar sind. In der Schule kann ich es noch verstehen, aber in der Stadt können wir einfach wir selbst sein!"
Kevin atmete tief durch und nickte.
„Oder schämst du dich für mich?", fragte Tom.
„Nein!", antwortete Kevin sofort und schüttelte energisch den Kopf. „Ich bin sogar stolz, mit dir zusammen zu sein."
Sie lächelten sich an.
„Geht mir genauso", sagte Tom.
Da erinnerte er sich an etwas, das er Kevin noch erzählen musste:
„Ich habe übrigens Anastasia und Jonas von uns erzählt."
„Oh, und?"
„Sie freuen sich sehr. Besonders Anastasia."
Kevin schmunzelte.

„Ja, das habe ich mir gedacht. Sie ist ein toller Mensch."

„Das ist sie."

Für ein paar Sekunden schwiegen sie sich an.

„Ruh dich zu Hause schön aus", sagte Tom schließlich. „War ein harter Tag."

Kevin erinnerte sich an die große Pause und seine Begegnung mit Patrick.

„Sag mal… Hat Patrick in die Klassengruppe ein Video geschickt?", fragte er und sah beschämt auf den Boden. Er hatte natürlich mitbekommen, dass Dennis das ganze Spektakel gefilmt hatte und so wie er Patrick kannte, genoss dieser es, Kevin bloßzustellen und vor allen zu demütigen.

Tom tat es weh, Kevin davon erzählen zu müssen. Er räusperte sich leicht und nickte.

„Ja", brachte er hervor.

„Kann ich es sehen?", fragte Kevin.

„Ich denke nicht, dass das…"

„Bitte!"

Tom holte seufzend sein Handy heraus.

„Na gut", sagte er, startete das Video und reichte Kevin sein Handy.

Der Blondschopf sah es sich tapfer an und versuchte, nicht in Tränen auszubrechen. Tom stand daneben und versuchte, an etwas anderes zu denken, denn es war ihm super unangenehm, Kevin dabei zuzusehen, wie er sich das Video ansah.

„Wie demütigend…", murmelte Kevin und gab ihm das Handy zurück.

Er sah nach oben, atmete tief durch und versuchte, seine Tränen zu unterdrücken. Es gelang ihm und er musste nicht weinen. Tom hatte natürlich trotzdem gesehen, wie schlecht es ihm ging.
„Du bist so stark", sagte er.
Kevin lächelte ihn traurig an.
„Nur weil du mir Kraft gibst."
Tom nahm ihn ein letztes Mal lächelnd in den Arm.
„Bis morgen, Kevin", sagte er.
„Bis morgen", nuschelte Kevin in seine Schulter.
Sie lösten sich und gaben sich einen sanften Abschiedskuss, bevor sich jeder auf seinen Weg nach Hause machte.

*

Den Nachmittag über war Kevin kaum in der Lage, etwas Sinnvolles zu tun. Eigentlich hatte er Hausaufgaben zu erledigen und für die nächsten Arbeiten sollte er auch lernen, aber er konnte nicht. Seine Gedanken waren zum einen bei Tom, aber auch bei seinen Eltern. Sie hatten ihn immer unterstützt und geliebt und jetzt hatten sie von nichts eine Ahnung. Sie wussten nicht, dass er schwul war und sogar schon einen Freund hatte. Sie wussten nicht, dass er gemobbt wurde und wie schlecht es ihm deswegen ging. Es war, als kannten sie Kevin gar nicht mehr, aber daran konnte nur er etwas ändern. Für ihn war es, als würde er sie belügen, hintergehen. Er war ihr Sohn. Hatten sie kein Recht, zu wissen, wie es ihm ging?

Wenn er es ihnen erzählte, konnten sie ihm vielleicht helfen. Sie würden ihn in den Arm nehmen und mit Worten aufbauen. Womöglich hatten sie sogar gute Lösungsvorschläge. Das könnte Kevin helfen, sein Selbstbewusstsein zu stärken und sich besser zu fühlen.

Aber was, wenn sie es nicht so gut aufnahmen? Selbst wenn sie es ihm nicht direkt sagten, konnte es sein, dass sie sich für ihn schämten und ihre Beziehung niemals so unbeschwert sein konnte, wie sie sein sollte. Dann würde Kevin sich erst recht für seine Gefühle hassen.

Er konnte es nicht erzählen. Abgesehen davon, dass er furchtbare Angst vor ihrer Reaktion hatte, wusste Kevin gar nicht, wie er ihnen davon erzählen sollte. Wie machte man so etwas denn? Frei heraus oder sollte er sie darauf vorbereiten? Wie fand man die richtigen Worte dafür? In seinem Kopf waren noch viel zu viele Fragen, um seine Eltern darüber zu informieren.

Dienstagmorgens waren diese allerdings alle schon wieder verschwunden, denn er freute sich einfach nur darauf, Tom wiederzusehen. Den ganzen Fußweg zur Schule konnte ihm nichts sein Lächeln wegwischen. Keine negativen Gedanken konnten ihn erreichen. Erst als er das Gebäude betrat, riss er sich zusammen, damit keiner etwas davon mitbekam.

Tom wartete schon vor ihrem Raum, als Kevin den Gang betrat. Er lächelte ihm zuerst zu, bevor er sich entfernte. Kevin verstand und folgte ihm unauffällig, bis sie in einem Treppenhaus ankamen, durch das keiner ihrer Klassenkameraden durchgehen würde.

Ein paar jüngere Schüler kamen vorbei, aber danach war es ruhig. Tom sah sich um und als keiner in ihrer Nähe war, zog er Kevin an sich und gab ihm einen gefühlvollen Kuss.
Danach lächelten sie sich zuerst stumm an.
„Ich habe dich vermisst", sagte Tom.
„Ich dich auch. Und wie!", bestätigte Kevin.
„Hast du Lust, in der Pause ein bisschen zu knutschen?", fragte Tom grinsend.
„Hört sich gut an."
Kevin lachte und Tom genoss es, ihm dabei zuzuhören.
„Am liebsten würde ich die ganze Zeit nur bei dir bleiben, einfach den Unterricht schwänzen und mit dir reden, dich küssen...", sagte Tom.
Kevin seufzte.
„Das wäre schön, aber ich habe schon zu viele Fehltage."
„Schon okay, wir haben heute die ganze Mittagspause, um uns zusammen zu verkrümeln."
„Oh, die brauchen wir auch! Ich kann nämlich nicht genug von dir bekommen", flüsterte Kevin und grinste.
„Was ist denn mit dir los?", fragte Tom lachend. „Du bist ganz schön frech."
Er zuckte mit den Schultern.
„Da siehst du mal, was du in mir auslöst."
„Gefällt mir...", murmelte Tom.
„Echt?"
„Ja, sehr sogar."

Tom legte seine Hände in Kevins Nacken und zog ihn an sich, um ihm einen weiteren, kurzen Kuss zu geben.
„Ich habe dich lieb, Tom", flüsterte Kevin.
„Ich dich auch."

*

In der Stunde von Herrn Preist konnte Tom sich kaum konzentrieren. Er dachte nur darüber nach, was er ihm nach der Stunde sagen wollte. Wie erzählte man einem Lehrer, dass einer seiner Schüler gemobbt und manchmal sogar verprügelt wurde? Wie würde er darauf reagieren? War es ihm egal oder würde er sagen, Kevin solle das alleine regeln? Tom kannte Herrn Preist zwar bei weitem nicht so lange wie seine Mitschüler, aber so schätzte er ihn eigentlich nicht ein. Trotzdem entwickelte er die Stunde über eine unerträgliche Nervosität, die sich darin äußerte, dass er die ganze Zeit über mit seinem Stift herumspielte und kaum die Hände ruhig halten konnte. Obwohl Kevin ihn fragte, was los war und ob er ein Problem hatte, verriet Tom ihm nichts. Kevin würde ihn davon abhalten wollen.
War es falsch, sich dem zu widersetzen? Immerhin war Kevin sein Freund und wenn es um ihn ging, hatte er eigentlich auch das Recht, darüber zu entscheiden, oder? Aber Tom wusste, dass er helfen musste, weil Kevin es alleine nicht hinbekommen würde.
Manchmal musste man Menschen einfach ignorieren, weil sie selbst nicht wussten, was das Beste für sie war.

Als die Stunde endete, war Kevin zum Glück schnell aus dem Raum. Er sollte nicht mitbekommen, dass Tom zu Herrn Preist ging. Einige andere Schüler bekamen es mit, aber sie dachten sich nichts dabei. Es konnte viele Gründe haben, warum Tom nach der Stunde mit Herrn Preist reden wollte.

„Kann ich noch kurz mit ihnen reden?"

So ernst wie Tom ihn ansah, verstand Herr Preist sofort, dass es etwas Wichtiges sein musste.

„Klar, natürlich."

Tom wartete, bis die letzten seiner Mitschüler den Raum verlassen hatten, und schüttelte dann verärgert den Kopf, als sie die Tür nicht hinter sich schlossen. Er ging hin, machte sie zu, hielt einen Moment inne und seufzte.

„Es geht um Kevin", sagte er. „Ich mache mir große Sorgen um ihn."

Er ging wieder nach vorne zu Herrn Preist und setzte sich auf einen Tisch in der ersten Reihe.

„Ich habe schon gemerkt, dass es ihm nicht gut geht… Was ist denn mit ihm?"

„Er… also, er… wird gemobbt", stotterte Tom.

Herr Preist runzelte die Stirn.

„Von seinen Mitschülern?"

Tom nickte.

„Hauptsächlich von Patrick, aber auch Dennis und Sascha machen mit. Es tut mir leid, ich will keine Petze sein, aber ich will ihm helfen und ich weiß einfach nicht, wie!" Er seufzte. „Es geht ihm richtig schlecht und ich hatte gehofft, dass Sie ihm helfen können."

„Du hast jetzt schon von Mobbing gesprochen… Wie genau sieht das denn aus? Kannst du mir Beispiele nennen, was sie so tun?", fragte Herr Preist.
Tom biss sich auf die Unterlippe und dachte nach.
„Ich kann es ihnen einfach zeigen."
Er holte sein Handy heraus und suchte das Video, in dem man sehen konnte, wie Patrick Kevin demütigte und verprügelte.
„Um es vielleicht besser zu verstehen, sollten Sie wissen, dass Kevin gemobbt wird, weil er schwul ist", erzählte Tom und reichte ihm sein Handy.
Herr Preist sah sich erschrocken das Video an. Als es vorbei war, rückte er seine Brille zurecht und räusperte sich.
„Das ist… heftig. Ich bin froh, dass du zu mir gekommen bist, denn da müssen wir auf jeden Fall etwas unternehmen. Ich bin etwas geschockt, dass so etwas in meiner Klasse vorkommt… Was mich noch interessieren würde: Woher hast du dieses Video? Wer hat das aufgenommen?"
„Vermutlich Dennis. Patrick hat es persönlich in die Klassengruppe geschickt."
„Okay, das darfst du auf keinen Fall löschen. Wenn es zu einer Konferenz kommt, brauchen wir so etwas."
Tom nickte.
„Aber was haben Sie jetzt vor?", fragte er.
„Zuerst einmal muss ich mit Kevin reden."
„Oh…"
„Wenn er sich nicht helfen lässt, kann ich ihm auch nicht helfen. Er muss sich das Problem eingestehen und bereit sein, darüber zu reden. Dann werde ich mit

ihm besprechen, wie es weitergeht", erklärte Herr Preist.
„Ich glaube nicht, dass er Ihnen davon erzählen wird…"
„Das werden wir sehen. Danke, Tom, dass du mir davon erzählt hast."
„Danke, dass Sie versuchen, Kevin zu helfen", erwiderte er. „Ach, und erzählen Sie bitte keinem, dass ich mit Ihnen darüber geredet habe."
„Natürlich nicht. Du kannst jetzt gehen."
Er reichte Tom sein Handy und lächelte ihm aufmunternd zu.
„Bis bald", antwortete Tom und lächelte ebenfalls.
Auch wenn er sich immer noch unsicher war, ob es die richtige Entscheidung war, es Herrn Preist zu erzählen, war er momentan froh, es getan zu haben. Sein Lehrer schien einen Plan zu haben und zu wissen, was er tun musste. Das beruhigte Tom ein wenig. Jetzt hatte er zumindest jemanden an seiner Seite, der ihnen half und musste sich nicht mehr ganz alleine Patrick stellen.
Er konnte nur hoffen, dass Kevin positiv darauf reagierte und bereit war, mit Herrn Preist über diese Sache zu reden. Wenn er sich nicht öffnete und nicht ehrlich war, konnte keiner etwas für ihn tun. Sollte es zu einer Klassenkonferenz über Patrick kommen, war es unerlässlich, dass Kevin schilderte, was ihm alles angetan wurde. Das war natürlich nicht leicht und Tom verstand vollkommen, dass er nicht darüber reden wollte, aber anders konnte man solche Idioten wie Patrick nicht ihrer gerechten Strafe zuführen.

*

„Du hast mit ihm geredet, oder?", fragte Anastasia. Es war Mittwochmorgen. Die erste Stunde war ausgefallen, aber Tom und Anastasia waren trotzdem schon da. Kevin wollte eigentlich auch früher kommen, aber er fürchtete, dass Patrick das ausnutzen würde, um ihn zu ärgern, weshalb er doch lieber noch zu Hause blieb.
„Ja", antwortete Tom.
Sie liefen gerade zum Kiosk, um sich ein kleines Frühstück zu kaufen.
„Hat er es ernst genommen?"
„Ich habe ihm das Video gezeigt… Ja, hat er."
Anastasia runzelte die Stirn.
„Oh, na dann… Was hat er vor?"
„Er meinte, er wolle zuerst mit Kevin reden."
Anastasia verdrehte die Augen.
„Das wird doch schiefgehen! Ich kann mir nicht vorstellen, dass Kevin sie verrät. So einer ist er nicht."
„Meinst du nicht? Nach allem, was sie ihm angetan haben, wird er sie verteidigen?"
Sie nickte eifrig.
„Immerhin waren sie lange befreundet und selbst wenn sie es nicht wären: Kevin ist loyal. Er verrät niemanden", sagte Anastasia bestimmt.
„Herr Preist weiß doch sowieso schon Bescheid. Da kann er auch ehrlich sein", erwiderte Tom.

„Stimmt… Ich weiß nicht. Ich hoffe nur, dass er endlich etwas unternimmt. Es kann nicht ewig so weitergehen."
Das würde es nicht. Tom hatte großes Vertrauen in seinen Lehrer, dass er etwas tun würde, um seinen Schüler zu schützen. Er musste einfach daran glauben. Doch das war erst einmal nebensächlich. Es war Mittwoch und heute würden Kevin und Tom zusammen in die Stadt fahren, etwas essen und einkaufen. Das war ein wunderschöner Tag, der nicht von Pessimismus zerstört werden dürfte. Beim Gedanken daran musste Tom einfach lächeln.
„Was ist los?", fragte Anastasia, als sie ihn ansah.
Sie waren mittlerweile beim Kiosk und Tom bat um ein Käsebrötchen. Als die nette Verkäuferin es ihm gab, reichte er ihr das Geld, das er passend dabei hatte, und ging. Anastasia sah ihn die ganze Zeit über gespannt an, aber er wartete, bis sie einige Schritte vom Kiosk weg waren.
„Heute gehen Kevin und ich zusammen in die Stadt", sagte er.
„Hey, das ist ja toll!"
„Dann können wir einfach die Zeit genießen ohne Angst haben zu müssen, von irgendjemandem gesehen zu werden. Kein Patrick, nur wir beide."
Er seufzte zufrieden.
„Na, dann wünsche ich euch ganz viel Spaß! Genießt es!"
„Das werden wir", versicherte ihr Tom.
Anastasia überlegte, ob ihre Freundinnen heute ebenfalls in die Stadt gehen wollten. Sie meinte, sich zu

erinnern, dass sie etwas erwähnt hatten. Trotzdem sagte sie nichts, weil sie Tom nicht seine Vorfreude kaputtmachen wollte. Sie sollten die Zeit zu zweit genießen und sich keine Sorgen darum machen, gesehen zu werden. Außerdem, wie hoch war die Chance, dass sie sich überhaupt trafen?
„Hast du schon gesehen? Morgen fällt wieder Englisch aus", erzählte Anastasia stattdessen.
„Ja, ich werde die Freistunde wohl mit Kevin verbringen."

*

„Gleich klingelt es", flüsterte Tom.
Kevin nickte und lächelte leicht. Es war die letzte Stunde. Gleich war Schluss und sie würden zusammen mit dem Bus in die Innenstadt fahren. Gleich hatten sie es geschafft und wieder einen Tag überstanden, an dem keiner erfahren hatte, dass sie zusammen waren.
„Wir setzen uns gleich vor den Kiosk, okay?", fragte Tom weiter.
Wieder nickte Kevin. Es war ihm recht, er fand die Idee sogar ziemlich gut, erst den nächsten Bus zu nehmen, damit keiner etwas mitbekam.
Ihre Lehrerin verkündete gerade die Hausaufgaben. Sie schrieben sie nicht mit, weil sie sie sowieso gleich nach der Stunde machen würden und die paar Minuten konnten sie es sich merken. Das Klingeln ertönte und sie durften endlich gehen.
Tom und Kevin nahmen ihre Sachen und machten sich auf den Weg zum Kiosk. Dort setzten sie sich an einen

freien Tisch in der Ecke, damit sie nicht so leicht bemerkt wurden. Es kamen einige Schüler vorbei, aber nur sehr wenige aus ihrer Klasse und die beachteten sie gar nicht.
„Also, was hast du heute vor?", fragte Tom lächelnd.
Kevin nahm seine Hände zusammen und sah nervös darauf.
„Ist mir egal. Ich lasse dich entscheiden", meinte er.
„Nein, du darfst genauso deine Wünsche äußern!", erwiderte Tom.
„Okay… Ich würde gerne ein Eis essen."
„Gut. *Eis essen* ist notiert. Sonst noch etwas?"
Kevin schüttelte den Kopf.
„Komm schon! Was willst du tun?", fragte Tom erneut.
„Mir ist es wirklich egal. Ich mache einfach das, was du willst. Hauptsache, du bist dabei, dann bin ich schon glücklich", antwortete Kevin lächelnd.
Tom seufzte und kratzte sich im Nacken.
„Du bist echt viel zu lieb seit dieser Sache mit Patrick."
„Nein, so war ich schon immer."
„Echt?"
Kevin nickte.
„Ich lasse eben lieber die anderen entscheiden. Also, was willst du heute machen?"
Tom überlegte nicht lange:
„Ich möchte etwas essen. Ich habe so großen Hunger… Der Rest ist mir eigentlich auch egal. Kommt denn im Kino etwas Interessantes?"
„Soll ich nachgucken?", fragte Kevin und holte sein Handy raus.
„Ja, mach mal!"

Kevin las das Programm des Kinos vor und schließlich fanden sie einen Film, den beide gerne sehen wollten. Er kam am Nachmittag. Sie hatten vorher noch genug Zeit, etwas zu essen.
„Wollen wir jetzt noch schnell zusammen die Hausaufgaben machen, bevor der Bus kommt?", fragte Tom.
Kevin stimmte zu und holte seine Sachen heraus. Die Hausaufgaben waren nicht besonders schwer, aber es war ziemlich viel. Sie teilten sich die Arbeit auf und wurden so pünktlich fertig, bevor der Bus kam, der sie in die Innenstadt bringen sollte. Wie erwartet, waren kaum Schüler darin und niemand, den sie kannten. Die waren alle längst weg und das war auch gut so.

*

Eine Weile später kamen Kevin und Tom gerade aus einem kleinen chinesischen Restaurant in der Innenstadt, in dem sie gerade gegessen hatten. Während des Essens hatte Tom von seinen Freunden aus seiner alten Schule erzählt und einige Geschichten über seine alten Lehrer ausgepackt. Kevin genoss es, ihm zuzuhören und seinen Freund so besser kennenzulernen. Doch jetzt steuerten sie auf die Eisdiele zu, um sich einen Nachtisch zu gönnen.
„Wenn du dich so gut mit allen verstanden hast,… warum hast du ihnen dann nicht erzählt, dass du schwul bist?", fragte Kevin.
Tom wurde ernster und atmete tief ein und aus.

„So eng war mein Verhältnis zu den meisten nicht. Ich weiß nicht. Ich hatte Angst und konnte mir nicht vorstellen, wie sie reagieren würden. Selbst wenn sie es mir nicht an den Kopf geworfen hätten, habe ich mir immer vorgestellt, dass sie hinter meinem Rücken darüber reden würden", erzählte er.
Sein Blick ging zu Kevin, der ihm mit einem Nicken zeigte, dass er ihn verstand.
„Ich hatte nie das große Bedürfnis, darüber zu reden. Ich habe darüber viel gelesen und war in Foren im Internet... Die Leute dort sind sehr nett und hilfsbereit. Sie waren alle so... offen und haben wirklich versucht, mir zu helfen. Ich hatte immer das Gefühl, dass sie mich verstehen."
„Ich habe mich nie getraut, mich da anzumelden", sagte Kevin. „Ich hatte immer zu große Angst, das könnte jemand mitbekommen. Dumm, ich weiß. Ich hätte mich da auch mit anderen austauschen sollen."
„Ach, ich habe auch lange gebraucht, bevor ich meinen ersten eigenen Beitrag geschrieben habe. So ist das eben", meinte Tom.
Sie kamen bei der Eisdiele an und setzten sich an einen Tisch. Kevin nahm sich sofort die Karte und durchstöberte sie, bis er etwas gefunden hatte, das ihn ansprach. Tom beobachtete ihn dabei und lächelte, als er sah, wie Kevins Augen leuchteten, als er sich die ganzen Bilder von den leckeren Eisbechern ansah. Als Kevin sich einen großen Schokoladenbecher bestellte, nahm Tom lediglich eine Kugel Vanille.
„Also, weiß gar keiner von deiner Homosexualität? Auch deine Eltern nicht?", fragte Kevin.

„Nein, nur du, Jonas und Anastasia, aber du warst der erste, dem ich davon erzählt habe", antwortete Tom.
„Oh, welch eine Ehre!", sagte Kevin lachend. Er wurde wieder ernster. „Aber willst du es ihnen erzählen?"
Tom zuckte mit den Schultern.
„Irgendwann bestimmt, aber es eilt in meinen Augen nicht. Spätestens, wenn ich dich ihnen vorstelle, muss ich mit der Sprache rausrücken."
Kevin sah ihn mit großen Augen an.
„Und wenn sie mich nicht mögen?", fragte er.
Tom schüttelte lachend den Kopf.
„Ich kenne meine Eltern und weiß, dass sie dich lieben werden… Genau wie ich."
Kevin grinste.
„Das hast du schön gesagt. Aber wenn du dir so sicher bist, dass sie es gut aufnehmen, warum sagst du es ihnen dann nicht einfach?", fragte er.
„Weil es nicht drängt. Die Zeit wird schon früh genug kommen, warte mal ab, aber ich will mir keinen Stress damit machen.
Kevin sah auf den Tisch und zuckte leicht mit den Schultern.
„Ich weiß echt nicht, wie das mit meinen Eltern wird. Ich meine, prinzipiell sind sie sehr tolerante Menschen und ich weiß, dass sie allgemein nichts gegen Homosexualität haben, aber… ich glaube, es ist noch einmal etwas anderes, wenn es den eigenen Sohn betrifft. Ich hoffe so sehr, dass sie es gut aufnehmen, aber ich kann es überhaupt nicht einschätzen."
„Kann ich total verstehen", sagte Tom.
Kevin schmunzelte.

„Sie haben immer gesagt, ich könnte mit ihnen über alles reden, aber... jetzt fürchte ich mich doch davor."
„Das wird schon. Wir müssen optimistisch bleiben", meinte Tom.
Ein Kellner kam und brachte ihnen ihr Eis. Mit großen Augen starrte Tom auf den riesigen Schokoladenbecher von Kevin. Der Blondschopf sah ihn sich grinsend an.
„Wusstest du, dass der so groß ist?", fragte Tom.
„Klar, den bestelle ich immer."
„Ist das nicht ein bisschen viel?"
„Ich habe eben viel zu scharfe Nudeln gegessen, da brauche ich jetzt etwas Süßes", erklärte Kevin schulterzuckend.
„Aber trotzdem hast du eben schon diese riesige Portion Nudeln gegessen und jetzt noch dieses gigantische Eis."
„Schlimm?", fragte Kevin und schob sich einen großen Löffel voll Eis in den Mund.
Tom schüttelte den Kopf.
„Nein, ich frage mich nur, wie man so viel essen und gleichzeitig so dünn sein kann", sagte er lachend.
Kevin machte einen Schmollmund und schluckte sein Eis herunter.
„Patrick hat das früher auch immer gesagt: ‚Der kann so viel essen und nimmt trotzdem kein Gramm zu'", zitierte er ihn lachend.
„Du wirst doch bestimmt auch von einem Döner nicht satt, oder?"
Kevin zuckte mit den Schultern und nickte gleichzeitig. Kopfschüttelnd aß Tom seine eigene

Eiskugel, die im Vergleich zu Kevins Becher mickrig aussah. Dementsprechend hatte er viel früher aufgegessen, was Kevin natürlich nicht entging.
„Möchtest du von meinem noch etwas abhaben?", fragte er.
„Ach, nein, du musst mir nicht extra etwas abgeben. Iss ruhig!", erwiderte Tom.
„Das ist aber kein Problem für mich. Ich teile gerne mit dir. Warte kurz!"
Kevin stand auf und ging zur Theke. Als er zurückkam, hatte er einen zweiten Löffel dabei, den er Tom überreichte.
„Ein nein akzeptiere ich nicht", sagte er, während er sich wieder setzte.
Tom schüttelte lächelnd den Kopf.
„Du bist unglaublich", sagte er und aß mit Kevin von dessen Eisbecher.

9.

Nachdem sie gemeinsam das Eis aufgegessen hatten, mussten sich die beiden auch schon auf den Weg zum Kino machen, da ihr Film bald anfing. Es war ein großes Kino, das dementsprechend viel Werbung zeigte, bevor es endlich losging. Kevin und Tom hatten Plätze in der letzten Reihe, in der außer ihnen keiner mehr saß. Es war nicht komplett leer im Saal, vereinzelt saßen kleinere Grüppchen in den Reihen, aber es war ruhig.
Zuerst sahen die beiden sich in aller Ruhe den Film an und aßen dabei das Popcorn, das sie sich dazu gekauft hatten. Es war offensichtlich ein Fehler gewesen, die große Portion zu nehmen, da ihnen das Mittagessen und das Eis noch zu schwer im Magen lagen, aber Popcorn im Kino zu essen war einfach Tradition. Als ihnen die Bäuche schon vom Essen wehtaten, beschlossen sie, das Popcorn auf einen der freien Plätze neben sich zu stellen.
Der Film war etwa zur Hälfte herum, als Tom keine Lust mehr hatte, ihm zuzuschauen. Er widmete sich lieber dem kleinen Blondschopf, der so verführerisch neben ihm saß und auf die Leinwand blickte.
Vorsichtig legte er seine Hand auf sein Knie und streichelte mit dem Daumen über den Stoff seiner Jeans.
Kevin drehte seinen Kopf und lächelte Tom an. In der Dunkelheit des Kinosaals sah er noch attraktiver aus als ohnehin schon. Er legte seinen Kopf an Toms starke Schulter und schmiegte sich an ihn.

Tom legte seinen Arm um Kevin und hielt ihn fest an sich. Der Film war ihm mittlerweile vollkommen egal, er wollte nur die Nähe zu seinem Freund genießen. Sanft legte er seine andere Hand an Kevins Wange und drehte seinen Kopf in seine Richtung. Kevin richtete sich auf, um ihm in die Augen schauen zu können. Tom zog ihn zärtlich an sich, um ihm einen gefühlvollen Kuss geben zu können, den Kevin sofort genoss und erwiderte.
Als sie sich wieder von einander lösten, kicherte Kevin leise und sah sich im Kino um, ob jemand etwas mitbekommen hatte, aber die anderen Kinobesucher sahen nur auf die Leinwand.
„Die bekommen nichts mit", flüsterte Tom.
Kevin sah wieder zu ihm und küsste ihn gleich noch einmal. Tom war zuerst überrascht, erwiderte es aber mit der gleichen Intensität wie sein Freund.

*

Vom restlichen Film bekamen Kevin und Tom nicht viel mit, weil sie die meiste Zeit damit verbrachten, zu knutschen und zu kuscheln. Eigentlich war es ihnen egal. Der Film hatte ihnen zwar gefallen, aber so wichtig war er ihnen dann doch nicht.
„Hast du mitbekommen, wie es ausgegangen ist?", fragte Kevin, als sie den Saal verließen.
Tom sah nach oben und überlegte.
„Ich glaube, es war ein Happyend."
„Okay… Aber wie kam es dazu?"
Tom zuckte mit den Schultern und sie lachten.

Als sie das Kino verließen, schlug ihnen eine gewaltige Kälte entgegen. Es war dieselbe Kälte, die ihre Herzen umschloss, als ihnen klar wurde, dass sie jetzt Abschied nehmen mussten. Sie konnten schon die Bushaltestelle sehen, an der sie nun in verschiedene Busse steigen würden.
„Ich fand den Tag echt schön", sagte Kevin seufzend.
„Das Beste war eindeutig der Kinobesuch… und das nicht wegen des Films", erwiderte Tom und schmunzelte.
„Also, ich fand das Eis am besten", sagte Kevin.
Er erntete dafür einen bösen Blick von Tom.
„Nur ein Scherz!", verteidigte er sich lachend.
„Wann bist du denn so frech geworden?", fragte Tom.
Sie kamen bei der Bushaltestelle an und standen sich gegenüber. Kevin sah auf den Boden und tippte nervös mit dem Fuß. Tom steckte die Hände in die Taschen und seufzte. Sie wollten sich nicht verabschieden. Der Tag war viel zu schön, um zu enden, aber Kevins Bus kam langsam näher.
„Dann war es das wohl", murmelte der Blondschopf.
„Für heute", fügte Tom hinzu.
Es war nicht das Ende der Welt und auch nicht das ihrer Beziehung.
Tom legte seine Hände auf Kevins Schultern und sah ihm die Augen.
„Bis morgen, Schatz", sagte er.
Kevins Wangen bekamen einen rosaroten Ton.
„Hast du mich gerade Schatz genannt?", fragte er lächelnd.
„Ja, darf ich das nicht?"

„Nur, wenn ich dich auch so nennen darf", sagte Kevin.
„Gerne!"
Tom beugte sich zu ihm hinunter und gab ihm einen langen Abschiedskuss. Als sie sich lösten, entfernte Kevin sich lächelnd und stieg in den Bus. Tom sah ihm grinsend nach und rief sich wieder in den Kopf, was für ein riesiger Glückspilz er war, diesen kleinen Blondschopf als Freund zu haben.

*

Donnerstag fühlte Kevin sich so gut wie schon lange nicht mehr. Es war, als wäre all die Angst von der Liebe und Hoffnung vertrieben worden. Selbst der Gedanke an Patrick konnte ihm nicht die gute Laune nehmen. War das so, wenn man verliebt war? Dass man dann alles Schlechte einfach verdrängte? Und war das überhaupt gesund?
Kevin versuchte, trotz allem bei Verstand zu bleiben und klug zu handeln. Als sie in der dritten Stunde eine Freistunde hatten, verzog er sich erst einmal von der Klasse, bevor Patrick, Dennis und Sascha ihn noch schnappten und irgendwohin verschleppten.
Eigentlich wollte er die Stunde mit Tom verbringen, aber erst einmal sollte er sich verstecken. Er merkte zuerst nicht, dass Sascha ihm direkt nachlief.
Tom wollte währenddessen einen kleinen Spaziergang zum Kiosk machen. Als er jedoch wie die meisten seiner Mitschüler den Klassenraum verließ, kam Dennis ihm schnell nach.

„Warte!", sagte er.
Tom blieb stehen.
„Was ist los?"
„Patrick würde gerne mit dir reden."
Tom sah ihn verwirrt an. Was konnte Patrick in diesem Moment von ihm wollen? Trotz seiner Skepsis ging er mit Dennis zurück in den Klassenraum. Er war fast leer. Die meisten ihrer Mitschüler waren vor dem Kiosk oder in der Bücherei. Nur eine kleine Gruppe von Mädchen saß noch an ihrem Platz.
„Könntet ihr uns bitte alleine lassen?", fragte Patrick sie höflich.
Während sie aufstanden und gingen, wurde das mulmige Gefühl in Toms Bauch immer größer. Sobald sie aus dem Raum waren, stellte Dennis sich an die geschlossene Tür und demonstrierte so deutlich, dass hier niemand ohne sein Einverständnis raus- oder reinkommen würde.
„Was soll das, Patrick?", fragte Tom.
Patrick hatte die Arme vor der Brust verschränkt und hob langsam seinen Blick, um Tom wütend anzusehen.
„Denkst du, du könntest mich verarschen oder was?", fragte er.
„Ich weiß nicht, was du meinst", erwiderte Tom.
„Ich denke schon, dass du das weißt."
Jemand klopfte an die Tür. Dennis sah vorsichtig nach, wer davor stand, und machte schließlich auf. Sascha kam herein. Er hatte Kevin im Schlepptau, der sichtlich angespannt mit ihm ging.
„Habe ihn gefunden", sagte Sascha lächelnd.

Dennis schloss wieder die Tür und lehnte sich mit dem Rücken dagegen.

„Was ist hier los?", fragte Tom und sah wieder verwirrt zu Patrick.

„Sag du es mir! Kann es sein, dass du vergessen hast, mir etwas über dich zu erzählen?"

Tom verzog keine Miene, um nicht zu zeigen, wie nervös er war.

„Über deine Sexualität vielleicht?", fügte Patrick hinzu und grinste.

Er wusste es also. Tom seufzte.

„Woher?", fragte er leise.

Seine ersten Gedanken gingen zu Jonas oder Anastasia, aber er konnte sich nicht vorstellen, dass einer von ihnen es Patrick erzählt haben könnte.

„Ich war gestern Abend zu Hause und habe im Bett gelegen, als ich eine Nachricht bekommen habe von einer Person, die gestern in der Innenstadt unterwegs war und dabei eine interessante Beobachtung gemacht hat."

Während er erzählte, holte Patrick sein Handy heraus und suchte darauf nach dem Foto, das ihm am Vorabend zugeschickt worden war. Als er es gefunden hatte, zeigte er es zuerst Tom und dann Kevin, welchem schon die Tränen in den Augen standen. Darauf sah man die beiden an der Bushaltestelle beim Kino, wie sie sich küssten. Es war definitiv ihr Abschiedskuss gewesen, bevor sie nach Hause gefahren waren. Sie erkannten es sofort. Da hatte sie also tatsächlich jemand fotografiert. Kevin senkte den Blick, so sehr schämte er sich dafür.

Patrick steckte sein Handy wieder weg und sah Tom wütend an.

„Du bist genau so eine ekelhafte Schwuchtel wie er", sagte er.

Tom atmete tief ein und richtete sich auf.

„Und was hast du jetzt vor, Patrick? Willst du mich schlagen? Glaubst du, das ändert etwas?"

Mit dieser Antwort hatte Patrick nicht gerechnet und er war für einen Moment tatsächlich verunsichert, doch dann verfestigte sich sein Blick wieder. Er durfte sich nicht anmerken lassen, dass er unsicher wurde.

„Das sollte ich wohl tun", sagte er.

„Na, dann! Tu es!", meinte Tom. „Aber sei dir darüber bewusst, dass du auf jeden Fall eine oder zwei zurückkriegst, bevor ich auf dem Boden liege."

Wieder war da diese Verunsicherung in Patricks Blick. Bei einem Opfer wie Kevin, das sich nicht wehrte, weil er zu viel Angst hatte, war es deutlich leichter als bei einem Tom, der selbstbewusster auftrat, als er eigentlich war.

„Haltet ihn fest!", forderte Patrick schließlich.

Dennis und Sascha versuchten, Tom an seinen Armen zu greifen. Er wehrte sich zuerst, aber gegen die beiden hatte er kaum eine Chance. Sie hielten ihn fest, sodass er nichts mehr tun konnte. Entgegen seiner Erwartung ging Patrick nicht auf ihn los, sondern ging zu Kevin, der immer noch unsicher im Raum stand und inzwischen lautlos weinte. Patrick griff ihn an den Schultern und führte ihn nach vorne, wo er ihn auf einen Tisch setzte.

„Wisst ihr, was ich mich schon immer gefragt habe?", fragte er in die Runde.
Keiner antwortete. Kevin bemühte sich, vor Angst nicht laut zu weinen. Er sah zu Tom, der ebenso nervös war.
„Wie weit kann man das menschliche Handgelenk wohl nach hinten biegen, bevor es bricht?"
Patrick nahm Kevins rechten Arm und hielt ihn hoch. Kevin wandte den Blick ab und schluchzte. Tom konnte ebenfalls kaum hinsehen. Er sah lieber Sascha und Dennis an, die genauso erschrocken waren.
„Willst du das wirklich durchziehen?", fragte Dennis nervös. „Wie willst du das erklären?"
Patrick zuckte mit den Schultern.
„Kevin ist eben ein kleiner Tollpatsch und unglücklich gestolpert."
Stille.
„Ist das nicht ein bisschen… krass?", fragte Sascha.
„Ach, was! Ich tue es jetzt einfach!"
Kevin schloss die Augen und atmete mehrmals tief ein und aus, in der Hoffnung, das würde die Schmerzen lindern. Patrick hob seinen Arm hoch und griff seine Hand.
„Warte", sagte Kevin plötzlich zwischen seinen Schluchzern.
Patrick wartete tatsächlich und runzelte die Stirn.
„Kannst du… bitte die andere Hand nehmen?", fragte er.
Patrick lachte laut auf.
„Was?"
„Die… brauche ich zum Schreiben", sagte Kevin.

„Na, dann will ich mal nicht so sein", erwiderte Patrick mit amüsiertem Grinsen.
Er ging um Kevin herum, hob seinen linken Arm an und klappte das Handgelenk um. Doch bevor er es weiter nach hinten bog, stoppte er und sah zu Dennis und Sascha, die immer noch Tom festhielten. Alle drei sahen ihn geschockt und verängstigt an. Sein Blick ging zu Kevin, der weinend vor ihm saß und nicht hinsehen konnte. Da war plötzlich etwas in ihm, das ihm sagte, er solle das nicht tun. Sein Gewissen? Vielleicht. Sicherlich aber auch etwas in ihm drinnen, das sich dagegen sträubte, brechende Knochen zu hören oder Kevins Schrei danach.
„Patrick?", fragte Dennis.
Patrick rührte sich nicht. Er wusste, dass er keinen Spaß daran haben würde. Es war weder lustig, noch konnte er seinen Frust dabei auslassen. Er wollte kurz die Augen zusammenkneifen und es durchziehen, aber er konnte nicht.
Da ging die Tür auf und Anastasia kam in den Raum. Patrick erwachte aus seiner Schockstarre und sah sie an.
„Raus!", sagte er, aber sie hörte nicht auf ihn, sondern ging noch weiter rein.
„Oh, mein Gott! Was ist denn hier los?", fragte sie laut und ging zu Kevin.
Patrick ging einen Schritt zurück und atmete tief durch, um seine Wut zu unterdrücken.
„Sag mal, spinnst du?", fragte Anastasia aufgebracht.

„Halt dich einfach da raus, okay? Es geht dich nichts an!", antwortete Patrick und baute sich bedrohlich vor ihr auf.
„Nein, ich habe lange genug zugesehen! Ich werde nicht zulassen, dass du ihm weiter wehtust!"
Patrick griff sie am Handgelenk, doch sie versuchte, sich loszureißen.
„Fass mich nicht an!", zischte sie.
Er ließ sie los und Anastasia widmete sich Kevin, der immer noch vor Angst starr auf den Boden sah. Sie nahm ihn in den Arm und er taute langsam wieder auf.
„Geht es dir gut?", fragte sie.
Dennis und Sascha ließen Tom los und er lief ebenfalls zu den beiden. Tom setzte sich neben Kevin auf den Tisch und der Blondschopf fiel ihm sofort in den Arm und weinte. Anastasia drehte sich wieder zu Patrick, der nun mit verschränkten Armen dastand und ihnen zusah.
„Was ist nur aus dir geworden?", fragte sie kopfschüttelnd.
„Und was ist mit dir?", erwiderte er. „Erst wochenlang zusehen und plötzlich die Heldin spielen wollen?"
„Man muss Fehler auch mal einsehen."
„Das tue ich", meinte Patrick. „Es war ein Fehler, jahrelang mit ihm befreundet gewesen zu sein."
Kopfschüttelnd wandte sie sich wieder an Kevin, dem Tom gerade etwas ins Ohr flüsterte. Sie standen auf und gingen langsam aus dem Raum. Anastasia ging mit ihnen. Stumm liefen sie nach draußen auf den Hof. Tom hielt Kevin die ganze Zeit über fest im Arm, als hätte er Angst, er könnte jeden Moment

zusammenbrechen. An der frischen Luft atmete Kevin zuerst tief durch und wischte sich dann die Tränen weg. Als er wieder einigermaßen klar im Kopf war, sah er Anastasia an.
„Danke", sagte er.
Sie schüttelte den Kopf.
„Das sollte selbstverständlich sein… Es tut mir so leid, dass ich so lange nichts gemacht habe!" Sie schluchzte leise und eine Träne lief ihr über die Wange. „Ich fühle mich so mies."
Kevin lächelte sie an und schloss sie in eine Umarmung ein. Tom sah einen Moment lang stumm zu, wie die beiden sich in den Armen lagen und weinten. Er war ebenfalls ergriffen, aber hatte noch etwas anderes im Kopf.
„Kevin, ich muss dir etwas sagen."
Kevin und Anastasia lösten sich voneinander und er sah zu Tom.
„Ich habe mit Herrn Preist geredet und ihm von deiner Situation erzählt", sagte Tom.
Kevin verdrehte die Augen.
„Er kann dir helfen. Bitte, sag ihm, was Sache ist!", bat Tom und nahm Kevins Hände.
Nach kurzer Überlegung nickte er.
„Vielleicht… hast du Recht. Vielleicht brauche ich Hilfe."
„Ich bin froh, dass du das einsiehst", sagte Anastasia und legte ihm eine Hand auf die Schulter.
Tom sah sie an, bevor er seinen Blick senkte.

„Wir sind gestern gesehen worden. Jemand hat uns fotografiert und das Bild dann Patrick geschickt. Daher weiß er von uns", erzählte er.
„Oh, nein…", murmelte Anastasia.
„Was?", fragte Kevin.
„Ich weiß, wer das war", meinte Anastasia und sah zwischen den beiden hin und her.
Sie lief los in Richtung Kiosk. Kevin und Tom gingen ihr nach, hatten aber Mühe, mit ihr Schritt zu halten. Sie war so aufgebracht, dass sie dieser Person richtig die Meinung sagen wollte. An einem großen Tisch vor dem Kiosk saßen ihre Mitschüler. Neben Jonas und Elyas saßen auch einige Mädchen am Tisch. Alle sahen verwirrt zu Anastasia, als sie mit Kevin und Tom im Schlepptau auf sie zukam.
„Du warst es, oder?", fragte sie Maja.
„Was war ich?", erwiderte sie verwirrt.
Anastasia stemmte die Hände in die Hüften.
„Du hast Patrick das Bild geschickt."
Maja sah zu Kevin und Tom und dann schuldbewusst auf den Boden.
„Ich wusste es!", sagte Anastasia. „Wie konntest du nur?"
„Ich weiß nicht!", erwiderte Maja. „Ich habe nicht nachgedacht. Ich habe mich einfach so gefreut, dass ich es entdeckt habe, da habe ich es verschickt…"
„Ich dachte, du würdest es wieder löschen", sagte Lea, die mit Maja zusammen in der Stadt gewesen war. „Ich wusste nicht, dass sie es weiterschicken würde, Anastasia! Das musst du mir glauben!"
„Schon okay", meinte Anastasia.

Maja sah zu Kevin und Tom.
„Es tut mir leid. Im Nachhinein weiß ich, dass das total blöd war. Entschuldigung, es tut mir wirklich leid!", sagte sie und sah traurig zwischen beiden hin und her.
„Ist in Ordnung", meinte Kevin.
Tom sah ihn verwirrt an.
„Ernsthaft?"
„Ja, warum nicht?"
„Sie hat uns verraten!"
„Aber sie bereut es", meinte Kevin.
Tom lächelte.
„Du bist einfach zu lieb, aber wenn du ihr verzeihen kannst, kann ich das auch."
„Danke", sagte Maja.
Für ein paar Sekunden war es still.
„Kann mir jetzt bitte mal jemand erklären, was los ist?", fragte Elyas, der überhaupt nicht mehr mitkam.
Anastasia sah Kevin und Tom an und die beiden sich gegenseitig. Sollten sie es ihren Mitschülern erzählen? Verschweigen konnten sie es ohnehin nicht mehr, dafür wussten zu viele Bescheid. Selbst wenn alle schweigen würden, würde zumindest Patrick es herumerzählen und bevor ihre Mitschüler es von ihm erfuhren, wollten Kevin und Tom ihre Liebesbeziehung lieber selbst bekanntgeben. Sie nickten sich zu und waren sich einig. Jetzt würden sie sich zumindest nicht mehr verstecken.
„Wir sind ein Paar", sagte Tom und legte einen Arm um Kevin, der sich daraufhin an ihn schmiegte.
Elyas sah zwischen ihnen hin und her.

„Wie süß!", war von Lauren zu hören. „Ihr passt wirklich gut zusammen."
„Ich finde es etwas seltsam…", gab Elyas zu. „Aber wenn es euch glücklich macht… Lasst es euch nicht kaputtmachen. Weder von Patrick noch von sonst wem."
Kevin und Tom sahen sich an. Das würden sie auf jeden Fall beherzigen, da waren sie sich einig.

*

Normalerweise packte Kevin schon in der letzten Stunde, um als erster aus dem Raum zu sein, bevor Patrick ihn abfangen konnte, um ihn auch nach Schulschluss noch zu ärgern. Heute jedoch wusste er, dass sein Lehrer Herr Preist noch mit ihm reden wollte. Eigentlich hatte er keine Lust und fürchtete sich sogar ein wenig vor dem Gespräch, aber er wusste, dass er dem nicht entgehen konnte und es wahrscheinlich das Beste für ihn war.
„Kevin, kommst du noch einmal zu mir?", fragte Herr Preist, während alle ihre Sachen packten.
Patrick sah erschrocken zu Kevin. Er spürte, dass das nichts Gutes für ihn bedeutete. Hatte der Blondschopf bereits etwas verraten? Er versuchte, ihn möglichst bedrohlich anzusehen, damit Kevin verstand, dass er bloß die Klappe halten sollte.
„Du schaffst das schon", flüsterte Tom. „Bis morgen."
„Bis morgen", erwiderte Kevin.

Er atmete tief durch, nahm seine Sachen und ging nach vorne zum Lehrerpult. Herr Preist lächelte ihn aufmunternd an.

„Es ist alles gut", sagte er.

Kevin nickte. Er wusste, dass ihn nichts Schlimmes erwartete, trotzdem war er nervös.

Die letzten Schüler verließen den Raum und schlossen hinter sich die Tür. Kevin setzte sich auf einen Stuhl in der ersten Reihe.

„Es ist jemand auf mich zugekommen, der mir erzählt hat, dass du ein paar… Probleme mit einigen Mitschülern hast", fing Herr Preist an.

„Das war Tom, ich weiß schon Bescheid", sagte Kevin.

„Oh, das ist gut. Was sagst du denn dazu? Stimmt das, was er sagt?"

Kevin sah auf seine Schuhe und biss die Zähne zusammen. Ohne große Überlegung nickte er.

„Seit wann ist das so?"

Er kauerte sich auf seinem Stuhl zusammen und versuchte, nicht in Tränen auszubrechen.

„Seit Anfang des Schuljahres. Seit Patrick erfahren hat, dass ich… homosexuell bin, mobbt er mich deswegen."

„Was macht er genau?", fragte Herr Preist.

Kevin schluckte.

„Er… lauert mir in den Pausen und nach der Schule auf", erzählte er und machte eine kurze Pause. „Dann beleidigen und schlagen sie mich. Manchmal zwingen sie mich auch, die Hausaufgaben für sie zu machen."

Er schluchzte leise und konnte nicht verhindern, dass ihm eine Träne die Wange herunterlief. Herr Preist holte ein Taschentuch heraus und reichte es ihm.

Lächelnd nahm Kevin es entgegen und putzte sich die Nase.

„Danke", sagte er.

„Du hast jetzt von ihnen in der Mehrzahl gesprochen. Wer ist das genau?"

„Patrick, Dennis und Sascha."

„Okay."

Herr Preist machte eine kurze Pause und gab Kevin Zeit, sich die Tränen wegzuwischen.

„Ich habe ehrlich gesagt noch nicht so viel Erfahrung mit Mobbing, was vermutlich ganz gut so ist, aber natürlich stellt sich die Frage, wie wir jetzt weitermachen. Ich möchte das gerne mit dir zusammen entscheiden, da es um dich geht."

Kevin nickte.

„Normalerweise kann man in so einem Fall, eine Klassenkonferenz mit allen Lehrern und ein paar Schülervertretern einberufen. Da würde dann entschieden werden, wie die drei dafür bestraft werden. Es könnte Strafarbeiten geben, vorübergehenden Ausschluss vom Unterricht oder sogar eine Suspendierung", erzählte Herr Preist.

„Das möchte ich nicht", sagte Kevin sofort.

„Warum nicht?"

„Ich will das einfach nicht", meinte Kevin. „Ich will nicht, dass sie meinetwegen Probleme bekommen."

„Kevin, ich weiß, dass ihr lange befreundet wart und du sie deswegen nicht verpetzen möchtest, aber wir müssen doch etwas dagegen tun."

„Gibt es nicht noch andere Möglichkeiten?"

Herr Preist räusperte sich und überlegte.

„Wir könnten versuchen, das Ganze intern zu lösen. Ich könnte die Schulpsychologin in unsere Klasse bitten und wir könnten umfassend über Themen wie Mobbing und Gewalt reden. Wir könnten auch die Verfügungsstunden nutzen, um Teamübungen zu machen und die Klassengemeinschaft zu stärken", erklärte er.

„Das hört sich besser an", meinte Kevin.

„Ja? Okay, von mir aus können wir es erst einmal so probieren. Dann müssten wir das nur noch mit deinen Eltern besprechen."

Kevins Augen vergrößerten sich.

„Was? Meine Eltern?"

„Ja, ist das ein Problem?"

Kevin sah auf den Boden und biss sich auf die Unterlippe.

„Meine Eltern wissen gar nichts darüber."

„Dann solltest du es ihnen dringend erzählen."

„Aber ich fürchte mich davor."

Herr Preist lehnte sich nach vorne und sah Kevin in die Augen.

„Ich kann das verstehen, aber sie sollten es auf jeden Fall erfahren und auch Bescheid wissen über die Maßnahmen, die wir ergreifen. Das ist wichtig, Kevin."

Er sah zur Seite und beim Gedanken an seine Eltern stiegen Kevin schon wieder die Tränen in die Augen.

„Ich habe solche Angst,… dass sie es nicht akzeptieren."

„Das würde, glaube ich, jeder in dieser Situation, aber früher oder später musst du es ihnen sagen… Und wenn du es ihnen nicht sagst, wirst du nie erfahren, wie sie darüber denken. Dann wird da immer die Ungewissheit bleiben."

Kevin nickte. Wenn er es ihnen erzählte, würde er sich zumindest keine Gedanken mehr darüber machen müssen, wie sie wohl darauf reagieren würden.

„Wir machen es so: Ich schreibe dir mal meine Nummer auf. Du redest mit deinen Eltern und wenn du ihnen alles erzählt hast, sollen sie mich anrufen. Sie können mich jederzeit erreichen. Okay?", fragte Herr Preist und holte einen Notizzettel und einen Stift heraus.

„Ich werde es ausrichten", sagte Kevin schweren Herzens.

„Prima. Aber wenn deine Eltern eine Konferenz fordern, werden wir eine machen müssen."

Kevin nickte. Er hoffte, dass seine Eltern ebenso wie sein Lehrer auf das hören würden, was er wollte.

„Natürlich werden wir uns auch bald mal mit Patrick zusammensetzen und darüber reden", sagte Herr Preist und gab ihm den Zettel mit seiner Festnetznummer.

„Oh, Gott…", murmelte Kevin.

„Es wird alles gut."

„Ich habe keine Ahnung, wie Patrick darauf reagieren wird."

„Egal, was ist, du sollst wissen, dass ich jetzt da bin, um dir zu helfen. Wenn es irgendeinen weiteren Vorfall gibt, kommst du zu mir und erzählst mir davon, okay? Du bist nicht alleine, Kevin. Wie ich gesehen habe, gibt es ja zumindest noch eine Person in der Klasse, die sich gut um dich kümmert."

Kevin lächelte.

„Ja, Tom ist echt ein lieber."

„Freut mich, dass ihr euch so gut versteht."

Herr Preist schmunzelte und stand auf.

„Also, du redest mit deinen Eltern und sagst ihnen, dass sie mich anrufen sollen."

Kevin stand ebenfalls auf und nickte.

„Mache ich."

„Na, dann bis bald!"

„Bis bald", murmelte Kevin, nahm seine Sachen und ging.

Herr Preist ging ihm hinterher.

Vor dem Raum stand Tom und sah auf sein Handy. Als er hörte, dass die Tür aufging, packte er es weg und lächelte Kevin an. Dieser erwiderte das Lächeln und ging zu seinem Freund. Herr Preist ging an ihnen vorbei und verabschiedete sich noch einmal.

„Mein Bus kommt gleich", sagte Tom.

„Dann begleite ich dich dahin", meinte Kevin.

Sie gingen los in Richtung Bushaltestelle.

„Wie war es?", fragte Tom.

„Super", antwortete Kevin sofort. „Herr Preist ist ein toller Lehrer. Er hat mir nichts aufgezwungen, sondern mich entscheiden lassen, wie es weitergeht."

„Und? Was hast du gesagt?"

„Na ja, erst einmal nur, dass ich nicht will, dass es eine Konferenz wegen Patrick, Dennis und Sascha gibt und die dann bestraft werden."

„Was? Warum nicht?"

Tom blieb stehen und sah seinen Freund fassungslos an.

„Ich möchte nicht, dass die meinetwegen Probleme bekommen."
„Aber das hätten sie verdient!"
„Trotzdem. So bin ich nicht."
Tom schüttelte den Kopf und ging weiter.
„Du bist viel zu lieb."
„Dankeschön. Jedenfalls hat Herr Preist vorgeschlagen, dass wir uns in der Klasse mehr mit dem Thema Mobbing auseinandersetzen und unsere Teamfähigkeit verbessern. Natürlich will er auch noch mit Patrick und mir alleine reden. Oh, und die Schulpsychologin soll uns helfen!", erzählte Kevin.
„Hört sich doch gut an", meinte Tom.
„Einen Haken gibt es noch…"
Tom verzog ängstlich das Gesicht.
„Welchen?"
Kevin seufzte.
„Ich soll es meinen Eltern erzählen. Sie sollen mitentscheiden, was gemacht wird."
„Oh…"
„Dann muss ich ihnen alles erzählen. Von meiner Homosexualität, von dir…"
„Früher oder später musst du es ihnen sowieso sagen", meinte Tom. „Besser früher als später, oder?"
„Ich habe solche Angst."
Tom sah ihn mitleidig an.
„Ich verstehe dich so gut", sagte er.
„Aber dann weiß ich wenigstens, woran ich bin."
„Genau."
„Hilfst du mir dabei?"
Tom sah ihn geschockt an.

„Was?"
„Ich möchte, dass du dabei bist", erklärte Kevin. „So als moralische Unterstützung. Dann kann ich dich ihnen auch gleich vorstellen."
„Meinst du nicht, das überfordert sie?", fragte Tom.
Kevin zuckte mit den Schultern.
„Kann sein, aber alleine schaffe ich das nicht."
„Wenn das so ist, helfe ich dir natürlich. Ich bin doch dein Freund und für dich da."
Kevin grinste.
„Du bist so süß!", sagte er. „Also, kommst du morgen mit zu mir?"
Tom dachte einen Moment nach.
„Ich muss noch meine Eltern fragen, aber ich schätze schon. Sie dürften nichts dagegen haben."
„Gut, und ich denke in der Zeit darüber nach, wie ich ihnen beibringe, dass ich schwul bin…"

10.

Am Freitag konnte man Patrick die Unsicherheit an der Nasenspitze ablesen. Kevin redete ihm in letzter Zeit zu oft mit ihrem Lehrer. Eigentlich konnte das nur eines bedeuten, aber als Herr Preist nach der Stunde nichts zu Patrick sagte, war er sich doch nicht mehr sicher, ob Kevin etwas verraten hatte. Vorsichtshalber hielt er an diesem Tag den Ball flach und tat nichts, was Kevin in irgendeiner Art und Weise schadete.
Für Kevin war dieser Tag trotzdem der schlimmste seit langem. Er konnte die ganze Zeit an nichts anderes als das Gespräch mit seinen Eltern denken. Vor lauter Nervosität war ihm ganz schlecht und er hatte das Gefühl, jeden Moment ohnmächtig zu werden. In seinem Kopf spielten sich dutzende Szenarien ab mit vielen verschiedenen Reaktionen oder Sätzen, die sie sagen könnten.
„Du bist nicht mehr mein Sohn."
„Geh mir aus den Augen!"
„Du bist eine Schande für unsere Familie."
Aber unter allen Szenarien fanden sich auch gute Varianten mit vielen aufmunternden Dingen, die sie sagen konnten.
„Du kannst doch mit uns über alles reden."
„Wir sind eine Familie und halten zusammen."
„Wir lieben dich so, wie du bist."
„Wir sind immer für dich da."
Kevin konnte nicht einmal sagen, welche Variante wahrscheinlicher war. Auch Tom hatte keine Ahnung, aber er kannte Kevins Eltern auch nicht so gut.

Eigentlich gar nicht, aber Kevin erzählte ihm im Laufe des Tages einiges über ihr Leben, ihre Jobs und ihre Beziehung. Tom versuchte immer wieder, Kevin zu beruhigen und es gelang ihm auch ziemlich gut. Wenn sie gerade nicht über dieses Thema redeten, versuchte Tom, Kevin abzulenken, und wenn ihm einmal nichts mehr einfiel, gab er ihm einen Kuss.
Sie bestellten sich etwas zum Essen zu Kevin nach Hause. Tom war der Meinung, er müsse etwas im Magen haben, um das Gespräch gut durchzustehen, aber Kevin hatte keinen Appetit. Er bekam nichts herunter und so schlecht wie ihm immer noch war, fürchtete er, dass ihm alles wieder hochkommen könnte.
Kurz nach 16:00 Uhr hatte Kevins Nervosität ihren Höhepunkt erreicht. Seine Eltern konnten jeden Moment nach Hause kommen und dann würden sie Tom zum ersten Mal begegnen. Gleich war es soweit. Während Kevin im Wohnzimmer umherlief, saß Tom auf dem Sofa und sah ihm zu. Immer wieder ging Kevins Blick zur Uhr.
„Kannst du dich jetzt bitte beruhigen? Du machst mich ganz nervös", sagte Tom lachend.
Kevin nickte. Ruhig bleiben war ein guter und sinnvoller Vorschlag. Er setzte sich aufs Sofa und fing an, mit dem Bein zu wackeln. Nach wenigen Sekunden stand er wieder auf und lief herum. Er konnte nicht still sitzen.
Tom versuchte, ihn dazu zu bringen, etwas zu trinken, aber obwohl Kevins Kehle sich trocken anfühlte, bekam er keinen Schluck herunter. Er wollte nichts

trinken und nichts essen. Er wollte einfach nur, dass es vorbei war.

Als er hörte, wie sich die Haustür öffnete, blieb sein Herz einen Moment stehen. Sie waren da. Jetzt waren sie da. Kevin blieb im Wohnzimmer stehen und wartete, bis seine Eltern hereinkamen.

„Hallo, Liebling", sagte seine Mutter, als sie ihn entdeckte.

Zusammen mit Kevins Vater kam sie in den Raum und entdeckte nun auch Tom, der vom Sofa aufstand.

„Oh, du hast Besuch", stellte sein Vater verwirrt fest.

„Äh, ja, das ist Tom", stellte Kevin ihn vor und kratzte sich nervös im Nacken.

„Hallo", sagte Tom und reichte seinen Eltern die Hand.

Während Kevins Vater in sein Arbeitszimmer ging, um seine Tasche abzustellen, legte seine Mutter ihre Handtasche aufs Sofa und sah ihren Sohn an, der nervös auf den Boden starrte.

„Was ist los, Kevin?", fragte sie.

Er sah auf.

„Ich, äh… wollte mit euch reden", sagte er vorsichtig.

Seine Mutter holte ihr Handy aus der Handtasche und tippte darauf.

„Ja, ich höre dir zu", meinte sie, ohne ihn anzusehen.

Kevin sah zu Tom, der wieder auf dem Sofa saß und ihm zunickte.

„Vielleicht, ähm… setzt ihr euch besser."

Seine Mutter sah auf und verstand nun, wie ernst es war. Sie steckte ihr Handy weg und rief:

„Liebling, kommst du?"

„Ja, bin gleich da!"
Sie setzte sich auf das Sofa und wartete mit Kevin zusammen auf seinen Vater. Ihr Blick ging zu Tom, der neben Kevin saß.
„Ich wollte, dass er dabei ist", erklärte Kevin.
„Hast du irgendwie Mist gebaut?", fragte seine Mutter. Sein Vater kam währenddessen wieder ins Zimmer und setzte sich neben seine Frau.
„Nein... Ich weiß nicht", murmelte Kevin und sah auf den Boden.
„Nein, hast du nicht", warf Tom ein und lächelte ihn an.
„Was ist denn dann? Was wolltest du uns sagen?", fragte sein Vater.
Sie sahen Kevin gespannt an, aber ihm fehlten die Worte. Die Angst und Nervosität schnürten ihm die Kehle zu. Als er nicht weiter wusste, legte Tom ihm eine Hand auf den Rücken, um ihm zu zeigen, dass er an seiner Seite war und ihn unterstützte. Da Kevin die Worte fehlten, beschloss er, seinen Eltern zu zeigen, was sein Problem war. Er stand auf und zog sein Oberteil hoch, sodass sie die blauen Flecken an seinem Oberkörper sehen konnten.
„Kevin...", flüsterte seine Mutter und zog scharf die Luft ein, als sie das sah.
Sie legte die Hände vor den Mund.
Kevin konnte seinen Eltern nicht in die Augen sehen und sah daher an ihnen vorbei. Er spürte, wie ihm die Tränen aufstiegen.
„Wer war das?", fragte sein Vater. „Deine Mitschüler?"

Kevin nickte und setzte sich wieder hin. Er wischte sich mit dem Ärmel über die Augen. Tom legte ihm wieder eine Hand auf den Rücken und streichelte ihn beruhigend.

„Wie lange geht das schon?", fragte sein Vater.

Kevin atmete tief durch und versuchte, sich zusammenzureißen.

„Seit Anfang des Schuljahres."

Seine Mutter seufzte und schüttelte fassungslos den Kopf.

„Wie konnten wir das nicht merken?", fragte sie.

„Ist nicht so schlimm", murmelte Kevin.

„Doch, das ist es! Wir sind so mit dem Café beschäftigt, dass wir unseren Sohn vernachlässigen! Das geht nicht!", sagte sie.

„Du bist uns wichtig, Kevin. Wenn du Probleme hast, kannst du doch mit uns darüber reden", sagte sein Vater.

Kevin sah auf den Boden. Die Zusprüche seiner Eltern freuten ihn zwar, aber er wusste nicht, ob sie ihn immer noch so unterstützen würden, wenn sie den Grund für das Mobbing erfuhren.

„Ich war noch nicht fertig", sagte er leise.

Kevin sah zu Tom, der ihn aufmunternd anlächelte.

„Ich werde gemobbt, weil ich… äh, ich… schwul bin."

Sobald er es ausgesprochen hatte, fühlte Kevin, wie eine gewaltige Last von ihm fiel. Jetzt war es gesagt und es gab keinen Weg mehr zurück.

Seine Mutter stand auf und ging durch den Raum.

„Ich brauche ein Glas Wasser…", murmelte sie und ging in die Küche.

Kevin senkte den Blick. Er hatte geahnt, dass es für sie nicht so leicht zu verkraften war. Sein Vater erhob sich ebenfalls vom Sofa und ging auf ihn zu.
„Steh auf", sagte er.
Kevin stand auf, ohne den Blick vom Boden zu nehmen. Er traute sich nicht, seinem Vater in die Augen zu sehen.
Ohne ein weiteres Wort nahm sein Vater ihn in den Arm und streichelte Kevin über die blonden Haare. Jetzt konnte Kevin sich nicht mehr zurückhalten und weinte in das weiße Hemd seines Vaters, aber das war beiden in diesem Moment egal. Sein Vater sah zu Tom, der auf dem Sofa saß und ihnen zusah.
Als sie die Schritte von Kevins Mutter hörten, lösten sie sich voneinander. Sie hatte zwei Gläser Wasser in der Hand und ein trauriges Lächeln auf den Lippen. Eines der Gläser reichte sie Kevin.
„Das war es dann wohl mit den Enkelkindern, oder?", fragte sie und lächelte, um die Stimmung ein wenig zu lockern.
Kevin lächelte leicht.
„Tut mir leid", sagte er und leerte sein Glas in einem Zug.
„Hör auf, dich dafür zu entschuldigen", erwiderte seine Mutter.
Sie nahm ihm das Glas ab und stellte beide Gläser auf den Tisch. Dann nahm sie Kevin genauso in den Arm, wie es ihr Mann zuvor schon getan hatte. Nachdem sie sich von ihm gelöst hatte, nahm sie Kevins Hände und setzte sich mit ihm zusammen aufs Sofa.

„Und hör bitte auf, zu weinen, sonst muss ich es auch", meinte sie und wischte sich die Tränen aus den Augen.
Sein Vater setzte sich ebenfalls wieder und betrachtete seinen Sohn seufzend.
„Warum hast du uns das denn nicht früher gesagt? Hast du wirklich gedacht, wir hätten ein Problem damit?", fragte er.
Kevin zuckte mit den Schultern.
„Ach, Kevin…", sagte seine Mutter und drückte sich an ihn. „Wir sind deine Eltern und werden dich immer lieben. Es ist uns doch egal, ob du dich in einen Mann oder eine Frau verliebst."
„Hauptsache, du bist glücklich damit. Dann sind wir es auch", fügte sein Vater hinzu.
Kevin nickte und musste jetzt noch mehr weinen, aber vor Freude.
„Danke… Ich liebe euch", sagte er.
Seine Eltern lächelten ihn liebevoll an. Trotzdem wandte Kevin sich von ihnen ab und sah zu Tom, der unbeteiligt auf dem Sofa saß. Der Blondschopf stand auf, setzte sich zu Tom und fiel ihm in den Arm. Lächelnd streichelte Tom ihm über den Rücken und flüsterte:
„Ich habe dir doch gesagt, dass alles gut wird."
Kevins Mutter betrachtete ihn skeptisch.
„Wenn du schwul bist, dann bist du wohl…"
Tom nickte und Kevin löste sich wieder von ihm.
„Ja, Tom ist mein Freund", erzählte Kevin.
„Okay…", sagte sein Vater und lächelte unsicher.
„Freut mich, dass ihr euch… offenbar so nahe steht", meinte seine Mutter.

Kevin nickte lächelnd.

„Er ist toll. Er ist immer für mich da und hilft mir, wo er kann."

„Ach, jetzt übertreib nicht!", sagte Tom und lachte nervös.

Am liebsten hätte Kevin gesagt, dass er Tom wirklich lieb hatte und dankbar war für alles, was er für ihn tat, aber er wollte seine Eltern nicht überfordern und hob es sich daher für später auf.

„Habt ihr wirklich kein Problem damit?", fragte er nervös.

Seine Eltern sahen sich kurz an. Dann seufzte seine Mutter.

„Ich bin ehrlich gesagt noch etwas geschockt, aber viel mehr darüber, dass du solche Probleme in der Schule hast."

„Wie kann es denn sein, dass da keiner etwas mitbekommen hat?", fragte sein Vater.

„Ich habe schon mit meinem Lehrer geredet und er wird sich darum kümmern. Er möchte aber vorher mit euch darüber reden. Er hat mir seine Telefonnummer aufgeschrieben, wartet kurz…"

Kevin stand auf, um die Nummer zu holen. Sie befand sich in seinem Zimmer, deshalb ging er aus dem Raum und ließ Tom mit seinen Eltern alleine.

„Du bist also Kevins… Freund", sagte Kevins Mutter.

Tom lächelte beschämt.

„Ja,… aber noch nicht so lange."

„Wie lange denn?", fragte sein Vater.

Tom überlegte nicht lange.

„Gerade erst eine Woche, aber wir waren davor schon befreundet."
„Ihr seid doch noch so jung", meinte Kevins Mutter und lachte leicht.
„Ja, klar", stimmte Tom ihr zu. „Wir haben alle Zeit der Welt."
Kevin kam wieder ins Wohnzimmer und gab seinen Eltern die Telefonnummer seines Lehrers und sagte: „Herr Preist meinte, ihr sollt ihn jederzeit anrufen."
„Okay, dann machen wir das doch gleich, oder?", fragte sein Vater und stand auf.
„Gut. Hoffentlich erreichen wir ihn", sagte auch Kevins Mutter und stand ebenfalls auf.
„Ich warte so lange in meinem Zimmer, ja?", fragte Kevin. Er sah zu Tom. „Kommst du mit mir?"
Als Tom nickte, nahm Kevin seine Hand und zog ihn aus dem Wohnzimmer. Seine Eltern beachtete er nicht weiter. Er wollte etwas Abstand und mit seinem Freund unter vier Augen reden. In seinem Zimmer schloss Kevin die Tür und atmete tief durch. Tom ließ sich auf das Bett fallen.
„Lief doch gut, oder?", fragte er.
„Ja, deutlich besser als erwartet", meinte Kevin und setzte sich neben ihn.
Er sah auf seine Hände und kaute auf seiner Unterlippe.
„Ich meine, es ist doch klar, dass sie sich erst einmal an den Gedanken gewöhnen müssen", sagte er.
„Genau", meinte Tom. „Aber sie unterstützen dich. Ich glaube, mich können sie nicht so leiden."
Obwohl er lachte, nahm Kevin seine Aussage ernst.

„Sie müssen sich erst daran gewöhnen. Wenn sie dich näher kennenlernen, werden sie dich mögen."
„Na, klar", meinte Tom. „Hauptsache, dir geht es gut."
Sie rutschten an die Wand hinter dem Bett und lehnten sich daran an. Kevin legte seinen Kopf auf Toms Schulter und kuschelte sich an ihn.
„Mir geht es super."
Tom legte seinen Kopf an Kevins.
„Jetzt wird es besser. Du musst dir keine Sorgen mehr machen. Es ist geschafft."
„Noch nicht ganz."
„Wieso nicht?"
„Ich muss mich noch mit Herrn Preist und Patrick zusammensetzen."
„Ob das sinnvoll ist?", fragte Tom nachdenklich.
„Ich denke schon. Es wird nicht leicht, aber wir müssen uns ehrlich aussprechen, um vernünftig miteinander umgehen zu können."
„Stimmt schon. Immerhin müsst ihr noch mindestens für den Rest des Schuljahres in eine Klasse gehen."
Sie schwiegen für einige Sekunden und dachten nach.
Tom sah an die Wand gegenüber, an der ein paar Fotos von Kevin und seinen Eltern hingen. Sie schienen früher mehr Zeit miteinander verbracht zu haben.
Kevin schloss die Augen und kuschelte sich an Tom.
„Es fühlt sich so gut an, in deiner Nähe zu sein", sagte er. „Du weißt gar nicht, wie froh ich bin, dich zu haben."
Tom lächelte und gab ihm einen Kuss auf den Kopf.
„Das bin ich auch. Eigentlich wollte ich nicht umziehen, aber jetzt muss ich mich wohl bei meinen

Eltern bedanken, denn nur dadurch habe ich dich gefunden."
„Willst du es ihnen erzählen?", fragte Kevin.
Tom antwortete nicht.
„Du hast doch gesehen, dass es halb so schlimm ist. Danach wirst du dich besser fühlen."
Kevin setzte sich auf und sah seinen Freund an.
„Kann sein, aber ich möchte das noch nicht. Ich lasse mir lieber noch Zeit damit. Es drängt doch keiner."
„Okay, dann warte noch", meinte Kevin.
Tom wuschelte ihm durch die Haare.
„Aber wenn ich es ihnen erzähle, sollst du auf jeden Fall dabei sein."
Kevin nickte.
„Werde ich, wenn du das willst."

*

Einige Minuten später klopfte es an der Zimmertür.
„Herein!", sagte Kevin.
Er saß immer noch neben Tom auf seinem Bett.
Die Tür öffnete sich und Kevins Eltern kamen herein.
Sie setzten sich ebenso auf das Bett und sahen ihren Sohn an.
„Wir haben mit deinem Lehrer geredet. Er hat gesagt, dass du nicht wolltest, dass es eine Konferenz wegen Patrick, Dennis und Sascha gibt?", fragte seine Mutter.
Kevin nickte und sie lächelte.
„Du bist ein Schatz, Kevin", sagte sie.
„Wenn du mit dem einverstanden bist, was dein Lehrer vorgeschlagen hat, sind wir das auch", erklärte sein

Vater. „Du bist alt genug und weißt sicher, was das Beste für dich ist."

„Danke", sagte Kevin. „Ich vertraue Herrn Preist. Er wird mir helfen."

„Dann wird bestimmt alles wieder gut", erwiderte sein Vater.

Kevins Mutter hob mahnend den Zeigefinger.

„Aber zukünftig erzählst du uns bitte sofort, wenn du ein Problem hast!" Sie sah zu ihrem Mann und seufzte. „Und wir versuchen, uns mehr Zeit für dich zu nehmen und mehr auf dich zu achten."

Kevin nickte.

„Versprochen."

Seine Mutter lächelte ihn an und stand auf. Ihr Mann machte es ihr nach.

„Habt ihr Hunger? Ich mache jetzt das Abendessen. Isst du mit uns, Tom?", fragte sie.

„Nein, danke, ich muss gleich nach Hause."

Kevin sah ihn mit bettelndem Blick an.

„Iss doch mit uns! Bitte!"

Tom sah ihn seufzend an. Wenn Kevin ihn so ansah, konnte er ihm einfach nichts abschlagen.

„Na gut, ich rufe mal zu Hause an und frage nach", sagte er und erhob sich.

„Schön, dann plane ich dich direkt mit ein", verkündete Kevins Mutter und verließ das Zimmer. Kevins Vater blieb noch einmal stehen und drehte sich zu den beiden um.

„Ich bin wirklich stolz auf dich, Junge", sagte er, nickte Kevin noch einmal zu und verließ das Zimmer.

*

Tom durfte noch zum Essen bei Kevin bleiben. Am Tisch war die Stimmung viel lockerer und entspannter als zuvor. Sie unterhielten sich über Toms alte Heimat und Kevins Kindheit. Außerdem erzählten sie von dem Film, den sie sich im Kino angesehen hatten und beschwerten sich über die teuren Preise und die Werbung. Insgesamt blühten sowohl Tom als auch Kevin auf.
Nachdem Tom und Kevins Vater festgestellt hatten, dass sie Fans der gleichen Eishockeymannschaft waren, konnten sie nicht mehr aufhören, sich über die aktuelle Saison zu unterhalten. Kevin und seine Mutter räumten währenddessen den Tisch ab. In einem ruhigen Moment in der Küche fragte Kevin:
„Und? Wie findest du ihn?"
Seine Mutter lächelte.
„Der ist wirklich ein lieber. Passt gut zu dir."
„Ich bin so glücklich, dass du das sagst."
„Pass aber auf, dein Vater macht dir gerade ganz schön Konkurrenz", scherzte sie.
Kevin ging zurück ins Esszimmer und stellte sich hinter Toms Stuhl.
„Seid ihr langsam fertig?", fragte er.
„Ich muss zugeben, Tom hat echt Ahnung", sagte sein Vater anerkennend.
„Ja, und das ist meiner."
Kevin setzte sich auf den Stuhl neben Tom, rutschte an ihn heran und legte ihm einen Kopf auf die Schulter.

„Was bist du denn so anhänglich heute?", fragte Tom lachend.
Kevin antwortete darauf nicht. Als seine Mutter wieder ins Esszimmer kam, wandte Tom sich an sie:
„Melissa, sei übrigens nicht so traurig, weil du keine Enkelkinder bekommst. Wir haben schon abgesprochen, dass wir welche adoptieren wollen."
Alle schmunzelten.
„Ich werde sie lieben wie meine eigenen", versprach Kevins Mutter.

*

Am nächsten Donnerstag hatte Herr Preist sich noch eine Stunde von einem seiner Kollegen genommen, sodass er drei Stunden mit seiner Klasse hatte, die er nutzen wollte, um über das Thema Mobbing zu reden. Er hatte extra die Sozialpädagogin Frau Vogelmund eingeladen, ihn dabei zu unterstützen und einige ihrer Erfahrungen mit den Schülern zu teilen.
Natürlich wunderten sich die meisten Schüler über die Vertretungsstunde, denn außer Kevin und Tom wusste keiner, worum es ging. Seit der letzten Woche war es ruhig geworden bei Kevin. Patrick hatte nicht ein Wort mit ihm geredet. Er wusste nicht, ob es an Tom lag, der ihm nicht von der Seite wich, oder an Anastasia, die ihn verteidigt hatte, aber es war ihm recht.
Es war nun ein offenes Geheimnis, dass Kevin und Tom ein Paar waren. Überraschenderweise kamen mehrere Schüler auf sie zu und fragten, ob an den Gerüchten etwas dran war. Da sie keinen Grund zum

Lügen hatten, beantworteten sie die Fragen ehrlich. Die Reaktionen waren durchweg positiv. Für einige war es noch etwas seltsam, aber sie hatten nichts dagegen, da es sie nicht betraf und ihnen nicht schadete.

Kevin hatte sich schon gedacht, dass Herr Preist in den drei Stunden Aufklärung betreiben wollte. Als er in den Raum kam und Frau Vogelmund sah, stand es für ihn fest. Nervosität stieg in ihm auf. Er wusste nicht, was ihn genau erwartete, und er hatte Angst, er würde im Mittelpunkt der Diskussion stehen. Kevin konnte nur hoffen, dass Herr Preist es allgemein halten würde und nicht nur auf seine Situation bezog.

„Guten Morgen! Wie ihr wahrscheinlich schon gesehen habt, haben wir heute drei Stunden zusammen, die ich nutzen möchte, um mit euch über ein wichtiges Thema zu reden: Mobbing", erzählte Herr Preist, als alle auf ihren Plätzen saßen.

Patrick war sofort klar, dass das etwas mit ihm zu tun haben musste, und er sah böse zu Kevin, doch dieser beachtete ihn gar nicht.

„Ich bin sehr froh, dass Frau Vogelmund sich Zeit genommen hat, um mich dabei zu unterstützen. Also, danke an dich", sagte Herr Preist.

„Immer gerne. Es ist wichtig, sich über dieses Thema bewusst zu werden, da es uns alle etwas angeht, wenn in unserem Umfeld jemand Probleme hat."

„Super, dann übergebe ich gleich mal das Wort an dich."

Herr Preist holte einen Stuhl für Frau Vogelmund und setzte sich dann auf seinen Lehrerstuhl.

„Ja, als erstes fangen wir mit einer Übung an, bei der es um Empathie geht. Ein häufiges Problem von Mobbern ist, dass sie nicht in der Lage sind, sich in ihre Opfer hineinzuversetzen. Stellt euch vor: Da ist ein Mädchen namens... Sophie. Sophie ist etwa in eurem Alter und möchte gerne mit ihren Mitschülern die Pause verbringen, aber diese schließen sie aus und beleidigen sie. Jetzt versucht, euch in sie hineinzuversetzen und schreibt aus ihrer Sicht ihre Gedanken und Gefühle auf!", sagte Frau Vogelmund.

Einige Schüler verdrehten genervt die Augen oder stöhnten, aber die meisten nahmen diese Übung überraschend ernst. Sie holten Zettel und Stifte heraus und fingen an, zu schreiben. Einige überlegten zuerst, während andere direkt anfingen.

Auch Tom holte zwei Zettel heraus und gab einen davon Kevin, der ihn dankend annahm.

„Ich bin mal gespannt, was Patrick aufschreibt", flüsterte Tom.

Kevin sah zu Patrick, der noch mit verschränkten Armen vor seinem leeren Blatt saß.

„Bestimmt nichts", sagte er.

„Meinst du, er verweigert es?"

„Schätze schon, aber Herr Preist hat ihn schon auf dem Kieker."

Sie sahen zu ihrem Lehrer, der offensichtlich Patrick im Auge hatte.

Nach ein paar Minuten sollten alle ihre Texte beenden. Einige haben nur ein paar Zeilen geschrieben, andere fast eine ganze Seite. Kevin hatte etwa eine halbe Seite geschrieben mit den Dingen, die seiner Meinung nach

am wichtigsten waren. Er hatte keine Lust gehabt, sich mehr damit zu beschäftigen, denn er musste sich nicht in Sophie hineinversetzen. Er war Sophie.
„So, wer möchte denn vorlesen?", fragte Frau Vogelmund in die Runde.
Natürlich meldete sich keiner. Selbst die Leute, denen es leichtgefallen war, wollten es nur ungern preisgeben. Die Texte waren schließlich intim und teils auch persönlich, auch wenn sie sich in eine andere Person hineinversetzen sollten. Fast jeder kannte das Gefühl, alleine zu sein und zeigte damit etwas aus seinem Inneren.
Schließlich hob Anastasia ihre Hand und lächelte Kevin an. Das tat sie für ihn. Sie fand die Aufklärung über Mobbing gut und wollte ihren Teil dazu beitragen, dass sie gut arbeiten konnten und viel schafften.
„Bitteschön", sagte Frau Vogelmund und überließ Anastasia das Wort.
Sie atmete noch einmal tief durch, bevor sie ihren Text vorlas:
„Sie beleidigen mich. Sie schließen mich aus. Sie lachen über mich. Ich verstehe nicht, was sie gegen mich haben. Habe ich ihnen jemals etwas getan? Habe ich sie verletzt? Was für einen Grund haben sie, mich so zu hassen? Ich fühle mich so mies. Ihre Worte verletzen mich und ich weiß nicht, wann das enden wird. Ich bin alleine. Keiner unterstützt mich. Womit habe ich diese Hölle verdient? Ich habe Angst, weil ich nicht weiß, was mich noch erwartet, und ich schäme mich für mich selbst. Ich gucke in den Spiegel und kann meinen

Anblick kaum ertragen. Am liebsten würde ich gar nicht mehr zu Schule gehen."
Alle hörten Anastasia zu, während sie ihren Text vorlas. Vielleicht taten sie es aus Höflichkeiten, vielleicht reflektierten sie ihr eigenes Verhalten. Patrick jedenfalls versuchte, so wenig wie möglich zuzuhören und an etwas anderes zu denken. Leider bekam er doch mehr mit, als ihm lieb war.
„Dankeschön für diesen tollen Beitrag. Man sieht, dass du dir sehr viel Mühe gegeben hast und es ist wirklich gut gelungen. Möchte sonst noch jemand vorlesen?", fragte Frau Vogelmund.
Wie erwartet meldete sich keiner.
„Was ist mit dir, Patrick?", fragte Herr Preist.
Patrick sah auf.
„Ich möchte nicht", sagte er unsicher.
„Ich würde aber gerne hören, was du geschrieben hast."
Patrick sah auf sein leeres Blatt und knirschte mit den Zähnen. Dann schüttelte er den Kopf.
„Was soll das überhaupt hier? Das ist doch alles Blödsinn!", sagte er plötzlich.
„Da fühlt sich aber der Richtige angesprochen...", murmelte Anastasia leise, aber er hatte es trotzdem gehört.
„Sei *du* mal ganz leise!"
„Patrick!", ermahnte Herr Preist ihn und stand seufzend auf. „Komm mal bitte mit mir vor die Tür."
Er ging durch den Raum. Patrick stand widerwillig auf und folgte ihm zur Tür. Herr Preist hielt sie ihm auf und sah zu Kevin.

„Komm mit!", sagte er und deutete mit seinem Kopf nach draußen in den Flur.
Tom und Kevin sahen sich kurz an, bevor der Blondschopf sich von seinem Stuhl erhob und zu seinem Lehrer ging.
„Soll ich Dennis und Sascha auch heraus bitten?", fragte er leise.
Kevin schüttelte den Kopf. Dennis und Sascha waren nur Mitläufer, die bei Patrick gut dastehen wollten, und das wusste er. Die beiden würden alleine nichts gegen ihn machen und sich bestimmt schnell einsichtig zeigen.
Herr Preist zog die Tür hinter ihnen zu und die anderen sollten mit Frau Vogelmund weitermachen, aber mit den Gedanken waren alle vor der Tür.
Patricks Freunde sorgten sich um ihn und die anderen waren gespannt, was Patrick nun für eine Strafe bekommen würde. Tom war da anderer Meinung. Wenn Kevin nicht wollte, dass er bestraft würde, dann sollte das so geschehen. Er hoffte nur, dass Patrick einsichtig sein würde und Kevin zukünftig in Ruhe ließ.
„Setzen wir uns doch hier aufs Sofa", sagte Herr Preist und deutete auf die rote Couch, die im Flur stand.
Die beiden Jungen setzten sich. Patrick verschränkte schützend die Arme vor der Brust und starrte auf den Boden.
„Du hast mich echt verpetzt", zischte er zu Kevin.
„Nein, habe ich nicht", erwiderte dieser.
„Dann war es eben Tom."
„Spielt das jetzt eine Rolle, Patrick?", fragte Herr Preist.

Patrick schüttelte stumm den Kopf.
„Ich habe mir schon Kevins Sicht der Dinge angehört, jetzt würde ich gerne von dir wissen, was los ist."
„Ich werde Ihnen nichts dazu sagen", erwiderte Patrick.
„Warum nicht?"
Patrick schwieg. Er wollte sich dazu nicht äußern und sie konnten ihn nicht zwingen. Hatte nicht jeder das Recht, zu schweigen?
„Eigentlich wollte ich so weit nicht gehen, aber wir können das auch ganz anders klären, Patrick. Wenn du nicht kooperierst, gibt es immer noch die Möglichkeit, eine Konferenz einzuberufen, bei der dann entschieden wird, ob du überhaupt auf der Schule bleiben darfst", erklärte Herr Preist. „Eigentlich wäre das die übliche Vorgehensweise und wir haben das nur nicht gemacht, weil Kevin strikt dagegen war."
Als Patrick das hörte, sah er Kevin geschockt an.
„Was? Warum?", fragte er.
Kevin zuckte mit den Schultern.
„Ich wollte nicht, dass du Ärger bekommst."
Patrick schüttelte leicht verwirrt den Kopf.
„Du... Ich verstehe das nicht. Nach allem, was ich dir angetan habe, beschützt du mich noch?"
Kevin zuckte mit den Schultern.
„Ich wollte nicht noch mehr dazu beitragen, dass wir uns weiter voneinander entfernen. Wir waren doch früher befreundet."
Patrick schüttelte weiter den Kopf.
„Wieso bist du immer so nett? Wahrscheinlich ist das der Grund, warum dich alle so gerne haben."

„Alle hassen mich…", erwiderte Kevin und sah auf den Boden.
„Nein, überhaupt nicht. Hast du nicht gemerkt, wie toll dich alle fanden?", fragte Patrick. Er schwieg ein paar Sekunden und erinnerte sich zurück an den Schuljahresbeginn. „Ich kam nicht damit klar. Ich war so eifersüchtig und habe dich gehasst, habe aber keinen Grund gefunden, dich schlechtzumachen. Du warst immer der makellose Engel…"
Kevin wusste nicht, was er sagen sollte. Er hatte nicht damit gerechnet, dass Patrick über seine Gefühle reden würde. Das, was er sagte, kam so plötzlich, dass Kevin nur stumm auf den Boden sehen konnte.
„Und was fühlst du jetzt?", fragte Herr Preist.
Patrick sah ihn an und dann zu Kevin.
„Ich fühle mich schlecht", sagte er. „Ich weiß nicht, was mit mir los ist."
Er legte den Kopf in die Hände und fuhr mit ihnen über das Gesicht bis in die Haare, die er sich raufte.
„Es tut mir einfach nur leid, Kevin", sagte er und sah zum Blondschopf.
Kevin rührte sich nicht. Er wusste immer noch nicht, wie er mit der Situation umgehen sollte.
„Okay, Jungs, wir müssen jetzt irgendwie eine Lösung finden", meinte Herr Preist.
Er sah zwischen beiden hin und her.
„Keine Konferenz", murmelte Kevin.
„Gut, dann gibt es keine Konferenz", wiederholte Herr Preist.
Patrick seufzte erleichtert.

„Danke, Kevin, ehrlich", sagte er und rutschte näher an ihn heran, aber Kevin rutschte weiter weg. Er wollte Patrick nicht in seiner Nähe haben.
„Du musst aber auf jeden Fall Kevins Schließfach reinigen", sagte Herr Preist.
„Ja, ist okay, mache ich."
„Außerdem empfehle ich, dass wir mit Frau Vogelmund reden und du oder ihr euch noch ein paar Mal mit ihr zusammensetzt, um an euren Problemen zu arbeiten."
Beide Jungs nickten. Das war eine gute Idee.
„Haltet ihr es den Rest des Schuljahres gemeinsam in einer Klasse aus?", fragte Herr Preist und sah Kevin an.
Er nickte.
„Gut, dann geht ihr euch zukünftig einfach aus dem Weg. Ich hoffe sehr, du hast verstanden, was du falsch gemacht hast, Patrick."
„Das habe ich", versicherte Patrick ihm. „Und ich verspreche, dass ich dich in Zukunft in Ruhe lasse."
„Okay", sagte Kevin.
„Super, dann gehen wir wieder rein und machen weiter", verkündete Herr Preist und stand auf.
Patrick und Kevin machten es ihm nach und gingen hinter ihm zurück zum Klassenraum.
„Ich werde dir einfach aus dem Weg gehen, so wie du mir, okay?", fragte Patrick.
Dass er einsah, zu weit gegangen zu sein, hieß nicht, dass er Kevin plötzlich mochte. Er wollte keinen Stress und deshalb nichts mehr tun, aber dass hieß nicht, dass

er wieder mit ihm befreundet sein wollte wie früher. Das war sowieso undenkbar.

Kevin erinnerte sich an all die Male, an denen Patrick ihn gedemütigt, beleidigt und verletzt hatte, körperlich und seelisch. Er erinnerte sich an die Schmerzen und die Angst, die ihn jeden Tag gequält hatte. Beim Gedanken daran wurde ihm schlecht und er musste seine Tränen zurückhalten.

„Lass mich einfach in Ruhe", sagte Kevin.

Herr Preist öffnete die Tür zum Klassenraum.

„Dann sind wir uns ja einig", meinte Patrick noch, bevor sie nacheinander den Raum betraten.

Kevin schloss hinter sich die Tür und ging auf seinen Platz. Alle Mitschüler sahen ihn und Patrick an, als erhofften sie sich davon, zu erfahren, was sie vor der Tür besprochen hatten.

„Und?", fragte Tom und legte eine Hand auf Kevins Oberschenkel.

„Er hält sich jetzt von mir fern."

„War er einsichtig?"

Kevin sah zu Patrick.

„Ich bin mir nicht sicher, aber zumindest hat er so getan."

„Ist doch eigentlich auch egal, solange er dich in Ruhe lässt, oder?", fragte Tom.

Kevin nickte.

*

Den Rest des Schultages sprachen sie mit Herrn Preist und Frau Vogelmund über Mobbing. Sie lernten, was

Mobbing genau war, in welchen Formen es vorkam und in welchen Phasen es entstand. Außerdem redeten sie von verschiedenen Rollen wie dem Täter, dem Opfer, den Mitläufern und den Leuten, die einfach nur zusahen. Das Wichtigste war, dass sie auch besprachen, woran man Mobbing erkannte und was man dagegen tun sollte.

Nach den drei Stunden verließen Kevin und Tom zusammen den Klassenraum. Sie hetzten sich nicht, weil sie wussten, dass Patrick nichts mehr tun würde. Das hatte Kevin ihm geglaubt und er war sich auch sicher, dass das Androhen einer Konferenz Wirkung hatte. Er wusste, dass er sich im Notfall an Herrn Preist wenden konnte und er ihm helfen würde.

„Kevin!", hörten sie eine Stimme hinter sich, als sie gerade aus dem Gebäude gingen.

Sie drehten sich um und sahen Patrick, Dennis und Sascha, die auf sie zukamen. Kevin verdrehte die Augen. Er hatte keine Lust auf seine ehemaligen Freunde, ganz egal, was sie ihm zu sagen hatten.

„Ich habe das vorhin ernst gemeint", sagte Patrick, als er vor ihnen stand. „Es tut mir wirklich leid und ich hoffe, dass wir eines Tages wieder besser miteinander auskommen."

Kevin sagte nichts.

„Das bezweifel ich", antwortete Tom an seiner Stelle.

„Na ja, jedenfalls wünsche ich euch beiden alles Gute."

„Mir tut es auch leid, Kevin", sagte Sascha. „Das war alles ziemlich… scheiße."

„Ja, mir auch. Besonders tut mir leid, dass ich etwas verraten habe, was du mir im Vertrauen erzählt hast. Ich hätte dich nicht outen sollen", sagte Dennis.
Kevin nickte. Er hätte gerne gesagt, dass es okay war und er ihnen verzieh, aber so einfach war das nicht. Er war sich nicht einmal sicher, ob Dennis ihn nicht sogar noch mehr verletzt hatte als Patrick. Vertrauen war etwas, was man nie wieder reparieren konnte, wenn es einmal kaputt war.
„Das wollten wir dir nur sagen", sagte Patrick stellvertretend für alle. „Bis dann!"
Auch Dennis und Sascha verabschiedeten sich und gingen.
„Die haben echt Nerven", sagte Tom kopfschüttelnd.
„Sie wollten sich doch nur entschuldigen", erwiderte Kevin lächelnd.
„Ist mir egal, die sollen dich in Ruhe lassen!"
„Du bist süß, wenn du mich beschützen willst."
Tom seufzte lächelnd, als er merkte, wie unnötig er sich aufregte.
„Wie geht es dir denn jetzt?", fragte er und legte seine Hände an Kevins Arme.
Kevin horchte in sich hinein.
„Ich glaube, ich habe mein Glück noch gar nicht richtig realisiert", sagte er. „Vorher hatte ich so viel Angst und es ging mir so schlecht, aber jetzt bist du da und alles ist schön."
„Hör auf damit! Ich werde schon ganz rot", meinte Tom schmunzelnd.
Kevin schüttelte ungläubig den Kopf.

„Ich finde keinen Haken. Mit meinen Eltern ist alles gut, mit Patrick… und ich habe dich!"
„Geht mir doch genauso. Ich bin so froh, dich gefunden zu haben."
Tom beugte sich grinsend herunter und gab dem kleinen Blondschopf einen Kuss.
„Ich bin eben dafür da, damit du dich besser fühlst."

Diana Mond

Keep your secret

Jeder hat ein dunkles Geheimnis!

12,49€ als Taschenbuch

6,49€ als eBook

Als in Lucys Leben gerade alles perfekt scheint, passieren schlimme Dinge. Irgendjemand scheint ihr schaden zu wollen. Der Junge, den sie mag, wendet sich ohne Grund von ihr ab und Auszüge aus ihrem Tagebuch werden veröffentlicht. Lucy findet Dinge über ihre Klassenkameraden heraus, die sie ihnen nie zugetraut hätte. Denn jeder hat ein dunkles Geheimnis.

11,99€

als

Taschenbuch

5,99€ als

eBook

Laut ihren Eltern ist Liv perfekt: Sie ist Klassenbeste und Einserschülerin. Als Josh in ihre Klasse kommt, sind sich beide sofort unsympathisch. Er ist ein absoluter Badboy. Seine Noten sind schlecht, er raucht und ihm ist offensichtlich alles egal. Aber mit der Zeit bemerken sie, dass sie doch nicht so unterschiedlich sind, wie anfangs gedacht...

12,99€

als

Taschenbuch

6,99€

als

E-Book

Als Marcel und Jule sich kennenlernen, ist es Liebe auf den ersten Blick. Sie sieht in ihm sofort ihren Traumprinzen. Doch schnell wird klar, dass Marcel keine normale Beziehung möchte...

Über die Autorin:

Diana Mond ist eine deutsche Jugendbuchautorin, die sich seit ihrer Kindheit leidenschaftlich gerne Geschichten ausdenkt. Wenn sie nicht gerade Nächte durchschreibt, schwimmt sie. Alles über sie und ihre Werke findet man auf ihrem Blog: dianamondsite.wordpress.de.

Impressum

Bibliografische Information der Deutschen Nationalbibliothek: Die Deutsche Nationalbibliothek verzeichnet diese Publikation in der Deutschen Nationalbibliografie; detaillierte bibliografische Daten sind im Internet über dnb.d-nb.de abrufbar.

Texte: ©2019 Diana Mond

Umschlaggestaltung: ©2019 Diana Mond

Verlag und Herstellung:

BoD – Books on Demand, Norderstedt

ISBN: 9783738651324